2015 年 4 月，项目组成员与中艺重工有限公司人力资源部及我校毕业生调研现场

2016 年 5 月，机电设备维修与管理专业教学标准及课程标准研制职业能力分析会现场

2016 年 5 月，机电设备维修与管理专业教学标准及课程标准研制职业能力分析会与会专家合影

2016 年 11 月，机电设备维修与管理专业教学标准及课程标准研制课程建构会会议现场

2016 年 11 月，机电设备维修与管理专业教学标准及课程标准研制课程建构会与会专家合影

2017 年 3 月，广东松山职业技术学院机电设备维修与管理专业现代学徒制班学员与校企导师签订师徒带教协议

2017 年 5 月，机电设备维修与管理专业教学标准及课程标准研制项目结题内审会现场

2017 年 5 月，机电设备维修与管理专业教学标准及课程标准研制项目结题内审会与会专家合影

2018 年 6 月，项目组成员前往广东省教育研究院进行结题答辩现场

现代职业教育标准体系建设系列丛书

现代学徒制专业教学标准和课程标准：
机电设备维修与管理专业（高职）

广东省教育厅
广东省教育研究院 编

本书主编：杨　宇　刘　松
本书副主编：林燕虹　杨秀文　李　嫄　柯楚强
张华伟
本书编委会（排名不分先后）：
邹臣嵩　黄义营　刘雄清　张啸杰
唐国兰　曹智梅　赖鹏彬　潘立业
李福运　范卉敏　罗国民　刘　芳
曾伟珍　杨成海

广东高等教育出版社
Guangdong Higher Education Press
·广州·

图书在版编目（CIP）数据

现代学徒制专业教学标准和课程标准：机电设备维修与管理专业．高职/广东省教育厅，广东省教育研究院编．—广州：广东高等教育出版社，2021.12
（现代职业教育标准体系建设系列丛书）
ISBN 978－7－5361－7190－9

Ⅰ.①现…　Ⅱ.①广…②广…　Ⅲ.①机电设备－维修－高等职业教育－教学参考资料　Ⅳ.①G719.2

中国版本图书馆 CIP 数据核字（2021）第 280489 号

出版发行	广东高等教育出版社 地址：广州市天河区林和西横路 邮政编码：510500　电话：（020）87551597　87551163 http://www.gdgjs.com.cn
印　　刷	广东虎彩云印刷有限公司
开　　本	787 毫米×1 092 毫米　1/16
印　　张	13
字　　数	310 千
版　　次	2021 年 12 月第 1 版
印　　次	2021 年 12 月第 1 次印刷
定　　价	35.00 元

序

2016年12月，教育部部长陈宝生在现代职业教育发展推进会上提出，职业教育要“香”“亮”“忙”“强”“活”“特”起来，加快推进职业教育现代化。“亮不亮，看质量”，职业教育“亮”起来，更多体现在职业教育质量上，而标准是质量的基础、依据与保证，是确保和提升我国职业教育质量水平所必需的。科学建立现代职业教育系列标准是擦亮职业教育品牌的关键，也是广东实施教育发展“十三五”规划、创建现代职业教育综合改革试点省、加快建设现代职业教育体系的重点领域和关键环节，其中专业教学标准和课程标准研制更是重中之重。这是由于现代职业教育改革发展的突破口之一在于研制标准，实现相关专业在人才培养的目标、课程体系、教材体系、教学安排、评价等方面规范严谨。标准研制是一项富有挑战性的工作，难度极大。值得欣慰的是，广东职业教育工作者通过长期的学习借鉴和创造实践，按照设计框架、构建标准、分级培养、衔接贯通的思路，找到了标准研制的可行路径与科学方法。专业教学标准和课程标准作为相关专业开展专业教学的基本文件，是明确专业培养目标和规格、加强专业建设、构建课程体系、开发教材和学习资源、组织实施教学和规范教学管理的基本依据，是评估教育教学质量的主要标尺，成为社会用人单位选用职业院校毕业生的重要参考。基于这样的认识和判断，广东省教育厅一直高度重视这项工作。

2013年至2015年，广东省教育厅分别启动三批74个中高职衔接、高职本科衔接以及现代学徒制的专业教学标准和课程标准研制，在广东省教育研究院的组织指导下，在中职学校、高职院校、应用型本科院校和行业企业的共同努力下，68个项目成果于2018年8月通过了省级验收，成果已陆续出版，产生了很好的效果。现在展现在读者面前的是系列现代学徒制专业教学标准和课程标准。我由衷地为研制标准而付出辛勤劳动、取得显著成绩的各有关方面特别是直接参与研制的全体工作人员点赞。我期望，各职业院校和各行各业能认真学习领会、积极贯彻实施标准成果，在参照执行过程中多提建设性意见和建议，共同完善标准，为加快推进产教融合、校企合作，推动建立健全广东现代职业教育标准体系做出应有贡献！

是为序。

汤贞敏

2018 年 8 月

前　言

为建立广东特色、国家需要、世界水平的现代职业教育体系，探索符合工业4.0和“互联网+”时代的现代学徒制教学模式，破解困扰广东现代学徒制试点工作中的理论和实践难题，广东省16个专业的现代学徒制标准的研制工作于2015年启动，其中“机电设备维修与管理专业现代学徒制教学标准研制”项目由广东松山职业学院和宝钢集团广东韶关钢铁有限公司共同主持。项目在广东省教育厅和广东省教育研究院指导下，经过三年多的努力，圆满完成了各项研制工作，顺利通过了验收。

《现代学徒制教学标准与课程标准：机电设备维修与管理专业（高职）》是广东省现代学徒制专业教学标准和课程标准研制项目的重要成果，是开展机电设备维修与管理专业现代学徒制教学的基本文件，是明确本专业培养目标、组织实施教学、开发教材和学习资源，加强专业建设的基本依据，是本专业学生职业生涯发展和专业学习的指导文件。

项目的主要研究过程包括供需调研、职业能力分析、课程体系建构、标准编制、标准实施与修订五大阶段。

供需调研阶段从收集整理相关文献、材料与数据到制定调研方案，按调研方案组织调研，并按专家意见开展了补充调研，采用文献调研、访谈、问卷调查、个案分析、网络信息数据等调研方法；采用统计分析法、逻辑分析法等数据分析与数据处理方法，明确了现代学徒制高职机电设备维修与管理专业的就业岗位群，分析岗位职业能力需求，确定了职业生涯发展路径，撰写并出版了调研报告。

职业能力分析阶段采用头脑风暴求异、协商求同，形成专业工作项目、工作任务、能力点；采用多元构建，专家独立评定项目级别、能力要求；对“能力要求”的三级频度和重要性，赋值赋权，计算系数；对“项目评定”赋值赋权，计算项目系数。最后形成的专业职业能力分析表包含68项工作项目，228项工作任务，1 408条职业能力点，93条职业能力素养点。

课程体系建构阶段，课程构建会议前进行职业能力聚类分析与典型工作任务提取，进行标准化处理，建立了分类词库；借鉴 KOMET（职业能力与职业认同感测评）的职业能力模型，对能力的内容、行动、水平三个维度赋值；定义职业能力相关属性，区分职业描述的 5 个特征；开展跨岗位和同岗位的层次聚类分析，提取每类能力的特征词，帮助专家解释能力种类。课程构建会上，在数据挖掘分析的基础上通过头脑风暴，聚类工作任务，形成了典型工作任务转换为课程；采集了课程开设学期、前导后续课程数据。课程构建会后，用关联规则算法分析课程前导后续的关联关系，构建与企业的动态行动体系匹配度高，对企业的实际需求与具体工作过程有更强的针对性和适应性的课程体系；用序列模式算法分析课程开设学期的序列关联关系，清晰地展现了课程间串行递进、并行组合、串并交叉的关联关系和他们的排列组合方式，促进了课程的组织与实施；通过分析挖掘出包含课程主链路、课程辅链路、平台课程，交叉课程、独立课程的现代学徒制课程体系结构。

标准编制阶段形成了两年制和三年制的专业教学标准以及核心课程的教学标准。标准实施与修订阶段通过试点教学开展对二年制的专业教学标准和课程标准进行实施和修订。

本书上篇为现代学徒制机电设备维修与管理专业教学标准；下篇为现代学徒制机电设备维修与管理专业课程标准，提供本专业核心课程的教学标准。全书由广东松山职业技术学院杨宇、刘松担任执行主编，参与编写的人员包括广东松山职业技术学院、宝钢集团广东韶关钢铁有限公司、韶关液压件厂有限公司、乐昌市中建材水泥有限公司、韶关星火创客有限公司、深圳发那数控有限公司、深圳互丰科技有限公司、韶能集团韶关宏大齿轮有限公司的教育培训专家和技术专家。

在项目建设和本书的编写过程中得到广东省教育厅和广东省教育研究院的悉心指导和大力支持，在此表示衷心感谢；同时，广东省现代学徒制工作指导委员会和诸多兄弟院校的专家在标准研制的各个环节都提供了宝贵的意见和建议，在此表示衷心感谢。

由于时间紧，任务重，编者水平有限，难免有疏漏和不足，敬请广大读者予以批评指正。

广东现代学徒制机电设备维修与管理专业
教学标准与课程标准研制项目组
2021 年 5 月

目　　录

上篇　高职现代学徒制机电设备维修与管理专业教学标准

下篇　高职现代学徒制机电设备维修与管理专业课程标准

附 录

上　篇
高职现代学徒制机电设备维修与管理专业教学标准

一、专业名称及代码

机电设备维修与管理（560203）。

二、招生对象

应往届高中毕业生（含企业员工）；应往届中职毕业生（含企业员工）；中高职衔接转段考核合格的中职学校相关专业的正式学籍学生。

三、基本学制与学历

（一）学制

全日制二年（面向高中毕业或中职相关专业毕业的企业员工、中高职衔接转段考核合格的中职学校相关专业的正式学籍学生）或全日制三年（面向应往届高中毕业生、应往届中职毕业生）。

（二）学历

学习合格取得专科学历。

四、培养目标

本专业培养与我国社会主义现代化建设要求相适应，德、智、体、美全面发展，面向电气机械及器材制造、设备制造、金属冶炼及压延等行业，既能从事机械维修、电气维修、设备管理等岗位工作，又能胜任数控机床维修、自动线维修等学徒岗位工作，具备设备维护与保养、安装与调试、故障诊断与维修、点检与管理等专业能力，以及良好的合作与沟通、安全与自学等职业素养，在设备维修与管理第一线的发展型、复合型和创新型的技术技能人才。

五、培养方式

校企联合招生、联合培养、一体化育人。采用先招工后招生、招工招生同步的招录方式，学徒具有双重身份。校企联合制定培养方案，实施在岗培养；企业师傅通过“以师带徒”形式进行岗位技能训练，学校通过集中面授与网络教学相结合的形式，承担系统的专业知识教学和技术技能训练任务，将企业另行组织的相关岗位培训融入培养方案。实施多元评价，将岗位绩效考核、岗位竞赛成绩、岗位技能证书纳入评价体系，实现岗位成才。

六、职业范围

（一）职业生涯发展路径

高职现代学徒制机电设备维修与管理专业职业生涯发展路径见表 1－1。

表 1－1　高职机电设备维修与管理专业职业生涯发展路径

发展阶段	学徒岗位	就业岗位			学历层次	发展年限	
		设备维修技能岗位	设备维修技术岗位	设备管理岗位		中职	高职
Ⅵ	部门技术及设备主管	首席维修技能师	区域工程师	设备主管	高职	—	10 年以上
Ⅴ	首席维修技能师/区域工程师/设备主管	维修工长	工程师	设备区域主管	高职	—	7～10 年
Ⅳ	副工长/工程师/设备区域主管	维修班长	助理工程师	设备点检员	高职 中职	10 年以上	5～6 年
Ⅲ	副班长/助理工程师/设备点检员	维修组长	技术员	设备管理员	高职 中职	6～10 年	3～4 年
Ⅱ	副组长/技术员/设备管理员	机械维修工 电气维修工 数控机床维修工 自动线维修工	—	—	高职 中职	4～5 年	1～2 年
Ⅰ	—	设备操作工	—	—	中职	1～3 年	—

注：（1）“发展阶段”应依据国家、行业企业的有关规定以及调查分析确定，将职业发展分为若干个阶段，阶段数量因各专业的具体情况而不同。

（2）“ 就业岗位”的分类仅供参考，各专业可以自行分类。

（3）“学历层次”只是要明确高职对应的层次。

（二）面向职业范围

高职现代学徒制机电设备维修与管理专业面向职业范围见表1－2。

表1－2　高职现代学徒制机电设备维修与管理专业面向职业范围

序号	对应职业（岗位群）	学徒目标方向	职业资格证书举例
1	机械维修工	机械维修班组长、机械维修工长、机械维修首席技能师、副厂长	机修钳工、装配钳工
2	电气维修工	电气维修班组长、电气维修工长、电气维修首席技能师、副厂长	特种作业操作证、电工
3	数控机床维修工	数控机床维修班组长、数控机床维修工长、数控机床维修首席技能师、副厂长	数控机床装调维修工
4	自动线维修工	自动线维修班组长、自动线维修工长、自动线维修首席技能师、副厂长	特种作业操作证、电工、可编程序控制系统设计师
5	设备管理员	设备点检员、设备主管、设备区域主管	设备点检员
6	设备技术员	设备助理工程师、设备工程师、设备区域工程师	注册机械工程师、注册电气工程师

1. 机械维修工

机械维修工主要进行设备的机械安装与调试；对设备机械故障和磨损进行维修；润滑保养设备等。

2. 电气维修工

电气维修工主要进行设备的电气系统安装与调试；对电气系统故障进行维修；维护保养电工工具、器具及测试仪表等。

3. 数控机床维修工

数控机床维修工主要对数控机床机械部件进行维修和调整；对数控机床电气系统进行故障诊断、维修与调试；保养数控机床等。

4. 自动线维修工

自动线维修工主要对自动线机械部分进行维修和调整；对自动线电气系统进行故障维修与调试；维护保养自动化设备等。

（1）维修班组长。

能高质量、高效率地完成设备维修工作；召开班前会，检查督促员工，作业现场巡视，检查现场作业质量，给予技术与安全指导；协调现场相关工作等。

（2）维修工长。

负责本段的全面工作，制订工作计划，给予班、组长及员工技术与安全指导；能解决维修工作中遇到的难题；协调本段与其他部门的工作，协助上级保质保量完成任务等。

（3）首席技能师。

制定维修工作计划与规程；负责公司设备安装、调试与维修技术工作，保障设备正常运行；对生产中发现的设备质量和缺陷问题，积极进行技术攻关和改进；努力实现节能降耗、降低生产成本、提高生产效率等。

5. 设备管理员

设备管理员主要负责建立和完善设备资料档案，负责设备管理的日常事务；协助相关专业主管对重要设备安装、改造、更新、维护、维修计划的组织实施等。

（1）设备点检员：主要对设备进行定点、定期的检查；对照标准发现设备的异常现象和隐患，提出检修方案；对方案的实施进行全过程监控等。

（2）设备区域主管：主要承担区域设备的管理、维护、检修工作；掌握设备运行状况和趋势，科学制定维修计划；检查设备管理相关记录、技术资料的归档等。

（3）设备主管：主要负责处理分厂设备的日常事务、人员管理与培训，安排并监督部门人员的工作；主导设备月、季、年度保养计划、内容的制订，并按要求实施；新设备的方案制订、验收，设备生产中物料损耗的控制和监督等。

部门技术及设备主管：主要负责本厂设备的安全管理；负责审核全厂检修计划、备件申购供应计划；负责对下属人员进行考核、评价；在大型设备出现故障时，组织技术讨论、分析工作等。

6. 设备技术员

设备技术员主要负责监控设备运行，提出预防措施；处理设备运行和维护修理中的技术问题；指导与执行设备管理制度和技术规程等。

（1）设备助理工程师：主要负责做好施工过程中资料的整理编制工作；协助工程师做好施工中的进度、质量、安全及现场管理；按图纸与技术标准对技术员进行指导等。

（2）设备工程师：主要负责编制设备维修操作规程，制定三级维护保养计划；解决维修中的疑难问题，提出改进方法；编制项目方案和设计图纸；指导考核助理工程师的相关工作等。

（3）设备区域工程师：主要负责制定垂直层级汇报制度，提出考核要求；编制年度小型技改、大修、维护计划；负责审核区域项目方案和设计图纸，并上报和组织实施等。

七、人才规格

（一）职业素养

职业素养见表1－3。

表 1-3 职业素养

职业素养	合作企业要求举例
（1）具有严谨求实、精益求精的工匠精神； （2）具有良好的安全防范与环境保护意识； （3）具有良好的思想品德、行为规范和职业道德； （4）具有吃苦耐劳、踏实肯干、谦虚好学的作风； （5）具有团队协作精神和创新精神	（1）自觉接受企业师傅的监督和管理，努力提高自身的岗位技能和业务知识，传承绝技绝活和精益求精的工匠精神； （2）严格遵守安全规范，坚决做到“三不伤害”，杜绝人员伤亡、生产设备事故； （3）遵守企业各项规章制度，服从企业的安排，认真完成本职工作，忠于职守； （4）严格执行工艺标准、技术标准、操作规程，具有高度的责任心； （5）团队成员相互信任、责任明晰、分工协作，共同完成团队目标； （6）积极参加企业组织的各类技术技能培训，主动学习新技术、新工艺、新设备、新知识、新标准，在节能减排降耗提质量方面敢于探索，勇于创新

（二）专业能力

专业能力见表 1-4。

表 1-4 专业能力

专业能力	合作企业要求举例
（1）掌握机械识图、机械设计、液压与气动技术等基础知识； （2）掌握设备电气控制、可编程控制等基础知识； （3）掌握数控机床机械结构及电气控制系统等基本知识； （4）掌握自动线检测系统、控制系统的相关基础知识； （5）掌握机电设备点检及管理相关知识； （6）能识读机电设备的各类相关技术图纸和资料； （7）能独立操作控制常用的生产设备； （8）能进行机电设备的维护、保养； （9）能独立完成机电设备机械、电气调试； （10）能完成常用机电设备的故障诊断与维修的基本工作；	（1）能查阅和使用有关的专业技术手册； （2）能识读中等复杂程度机械零件图与装配图、设备安装图、电气原理图、液压与气压系统图等； （3）能分析加热炉或机械手等设备的液压、气压系统运行状况，组件之间相互作用关系； （4）会安装和使用接触器、继电器等常用低压电器； （5）会对自动线中的设备重点部位安装检测设备，并对其进行状态监测，能按工艺过程要求安排检修与更换检测设备； （6）能运用“五感”等点检方法及点检锤、振动仪等工具进行 A 类设备日常点检、定期点检与保养； （7）能按设备操作规程独立进行生产加工； （8）能根据作业标准对重点设备进行三级保养； （9）能通过使用巡回检测装置等电工仪表或 PLC 诊断工具检查轧钢生产线裙板分钢控制系统等线路故障并排除故障； （10）能根据传感器采集到的设备状态数据，对现场设备进行快速、准确的分析找到故障类型与故障点，并尽快找到恢复设备进行生产；

续上表

专业能力	合作企业要求举例
（11）能独立完成机械零部件组装，具有团队协作完成整机装配的能力； （12）能独立安装和连接机电设备的电气部件； （13）能完成数控设备精度检测与调整； （14）能编写控制程序，实现对自动化生产设备的控制； （15）能运用常用计算机软件进行；机电设备运行管理、资产管理等设备管理工作	（11）能按照设备技术标准对轧机、剪机、矫直机等专用机电设备进行安装、调试与维护； （12）能根据电气类安装规范，按照电气原理图、接线图完成设备电气控制电路等电气线路的安装、调试； （13）能根据报警信息，快速设置控制系统、进给系统、主轴系统、换刀点、主轴定向准停及 PMC 参数； （14）能编写西门子 S7－400 或三菱 PLC 控制程序，完成自动化生产设备参数分析及性能优化的控制要求； （15）能运用 EAM、ERP 等相关设备信息管理系统，进行设备的智能化管理

八、典型工作任务及职业能力分析

根据本专业通用机械维修、通用电气维修、数控机床维修、自动线维修、设备管理等目标岗位，运用“二维四步五解”法、文献研究、案例研究、咨询专家、问卷调查、头脑风暴、数据挖掘等方法，开展行业企业专家研讨，获得 15 项典型工作任务，以及 68 项工作项目，228 项工作任务，1 408 条职业能力点；在职业素养分析中获得 93 条职业素养点。典型工作任务见表 1－5，职业能力分析表见本书附录 1。

表 1－5　典型工作任务一览表

序号	典型工作任务	工作项目及职业能力要求	备注
1	使用、维护、保养工具、量具、检具及测量设备	01－02、01－03、02－01、03、05－02、06－03、07、11－03、12－06、16－02、18－04、31－02、33、34、36、46、47－05、49－01、58、59、65、69	详见附录 1
2	安装、调试、维修电机传动系统	01、02－03、03－01、03－02、06－01、06－02、07、10－01、11－01、11－02、12、14－03、15－01、15－02、16－03、17－05、17－06、20－02、47－04、48、50－01、50－02、57－01、58、59、60、61、62、63－02、65－05、69	
3	安装、调试、维修液压传动系统	01－05、02、03、07－01、07－05、10－01、11－01、12－02、12－05、14、36－02、47、62－01、62－03、69	
4	安装、调试、维修通用机电设备	01、03－03、07－03、33、34、35－01、35－02、58、59、60、61、62、63、69	

续上表

序号	典型工作任务	工作项目及职业能力要求	备注
5	分析、构建、维护自动化检测系统	01-01、01-04、02-03、03-01、03-02、05-02、07-05、12-05、16-03，19-02、23-04、24-01、28-02、31-04、42-01、42-02、44-01、45-01、48-04、62-01、62-03、65-01、69	详见附录1
6	装调、设计、改进PLC控制系统	01-01、01-04、01-05、02-01、02-03、03-02、06-02、07、11-02、16-01、36-02-02、48、49-01、50-01、50-02、61-04、62-01、62-02、62-03、63-02、65、67-02、68-01、69	
7	管理、点检、维保车间设备	04、06、08、09、11-02、13、15-02、17、18、19、20、21、22、23、24、25、27、31、34、51、63-01、69	
8	安装、调试专用机电设备	01、03-03、05-02、06-01、06-02、07-01、07-03、11-03、12、33、34、35-01-06、35-02-03、35-03、36-02-07、36-02-07、37-01-05、37-01-06、39-01-01、41-01、45-02-01、69	
9	安装、调试、维修、改进机电设备控制系统	02、03、06、07、12、16、58-01、58-02、58-05、58-06、59、60、61、62-01、62-02、62-03、65-01、65-02、65-03、65-04、68-02、68-03、69	
10	拆装、维修机床机械系统	01、02-01、03、06、33、46、47、69	
11	安装、调试、维修数控机床电气系统	18-04、18-05、19-03、48、49、50、51、69	
12	设备运行状态分析与故障诊断	04、05、08、09、10、13、14、15、16、23、24、25、27、31、34、35、36、50、52、55-03、61、69	
13	采集、分析、处理设备数据	15-03、17-05、17-06、23-03、24-01、27-02、27-02、34-02、36-01、36-02、63-01、64、68-02、69-02	
14	调试、维护工厂网络控制系统	07-06-01、07-06-04、65-04-07、65-04-08、65-04-11、67-01、67-02	
15	企业技改项目实践	12-06、14-03、15-01、16、17、25-01、26、35-01-06、45-02、57-01、66-03、69	

九、课程结构

本专业现代学徒制的课程体系根据行业企业专家和课程专家研讨的结论而构建，分为公共基础课程和专业课程两个模块。其中，专业课程分为专业技术技能课程、学徒岗位能力课程、专业拓展课程三类，公共基础课程按照教育部高职的公共基础课程教学大纲及有关规定安排。专业技术技能课程针对职业岗位（群）共同需要的职业能力，为解决实际工作问题而设置；学徒岗位能力课程根据学徒岗位的特定要求而设置；专业拓展课程由学校自行制定，具体见表1-6、表1-7。

（一）二年制（见表1-6）

表1-6 高职现代学徒制机电设备维修与管理专业课程结构（二年制）

<table>
<tr><th colspan="2">课程模块</th><th>课程名称</th><th>课程性质</th></tr>
<tr><td colspan="2" rowspan="9">公共基础课程</td><td>思想品德修养与法律基础</td><td>必修课</td></tr>
<tr><td>毛泽东思想和中国特色社会主义理论体系概论</td><td>必修课</td></tr>
<tr><td>形势与政策</td><td>必修课</td></tr>
<tr><td>高等应用数学</td><td>必修课</td></tr>
<tr><td>英语</td><td>必修课</td></tr>
<tr><td>计算机应用基础</td><td>必修课</td></tr>
<tr><td>体育</td><td>必修课</td></tr>
<tr><td>就业指导职业生涯设计</td><td>必修课</td></tr>
<tr><td>创新创业基础</td><td>必修课</td></tr>
<tr><td rowspan="12">专业课程</td><td rowspan="6">专业技术技能课程</td><td>测量设备与检测系统应用与维护</td><td>必修课</td></tr>
<tr><td>电机控制技术及装调</td><td>必修课</td></tr>
<tr><td>液压气动应用技术与维护</td><td>必修课</td></tr>
<tr><td>通用机电设备装调与维修</td><td>必修课</td></tr>
<tr><td>可编程序控制系统应用与调试</td><td>必修课</td></tr>
<tr><td>毕业设计</td><td>必修课</td></tr>
<tr><td rowspan="4">学徒岗位能力课程</td><td>设备点检实务</td><td>限选课</td></tr>
<tr><td>专用机电设备维修</td><td>限选课</td></tr>
<tr><td>数控机床装调与维护</td><td>限选课</td></tr>
<tr><td>机电设备运行状态分析与故障诊断</td><td>限选课</td></tr>
<tr><td rowspan="2">专业拓展课程</td><td>由学校自行设置，不低于6学分。</td><td>任选课</td></tr>
<tr><td>……</td><td></td></tr>
</table>

（二）三年制（见表1－7）

表1－7 高职现代学徒制机电设备维修与管理专业课结构（三年制）

课程模块		课程名称	课程性质
公共基础课程		思想品德修养与法律基础	必修课
		毛泽东思想和中国特色社会主义理论体系概论	必修课
		形势与政策	必修课
		高等应用数学	必修课
		英语	必修课
		计算机应用基础	必修课
		体育	必修课
		就业指导与职业生涯设计	必修课
		创新创业基础	必修课
专业课程	专业技术技能课程	机械制图	必修课
		电工电子技术	必修课
		典型机械结构与应用	必修课
		测量设备应用与维护	必修课
		电机与电气控制技术	必修课
		液压传动	必修课
		通用机电设备装调与维修	必修课
		自动化检测系统装调与维修	必修课
		可编程序控制系统应用与调试	必修课
		毕业设计	必修课
	学徒岗位能力课程	设备点检实务	限选课
		专用机电设备安装与调试	限选课
		电气控制系统应用与故障处理	限选课
		机床机械拆装与精度调整	限选课
		数控机床电气系统装调与维护	限选课
		机电设备运行状态分析与故障诊断	限选课
	专业拓展课程	由学校自行设置，不低于6学分。	任选课
		……	

十、课程内容及要求

（一）公共基础课程（见表1－8）

表1－8　公共基础课程内容和要求

序号	课程名称	主要教学内容和要求	参考学时
1	思想品德修养与法律基础	本课程是高校大学生进行思想道德和法制观念教育的必修课，要求学生通过理论学习和实践体验，形成正确的理想信念，弘扬爱国主义精神，确定正确的人生观和价值观，加强思想品德修养，增强学法、守法、用法的自觉性，全面提高思想道德素质和法律素质，成为品学兼优的社会主义现代化建设应用型人才	72学时（二、三年制）
2	毛泽东思想和中国特色社会主义理论体系概论	本课程主要对学生进行中国特色社会主义理论与实践教育，培养学生能够正确地理解和掌握毛泽东思想、中国特色社会主义理论的科学体系、精神实质和立场、观点、方法，树立建设中国特色社会主义的坚定信念，增强执行党的基本路线和基本纲领的自觉性和坚定性，积极投身全面建设小康社会的伟大实践	72学时（二、三年制）
3	形势与政策	本课程要求学生了解国际、国内形势，学生能全面认识党和国家面临的形式和任务，正确认识世情、国情、党情，正确理解并拥护党的路线、方针和政策；增加责任感和使命感，不断提高学生的爱国主义和社会主义觉悟；增强实现改革开放和社会主义现代化建设宏伟目标的信心和社会责任感，明确自身的人生定位和奋斗目标	36学时（二、三年制）
4	高等应用数学	本课程要求学生获得必要的数学知识，逐步培养学生的抽象思维能力、逻辑推理能力、空间想象力和自学能力。学习主要内容包括函数、极限、连续、一元函数微分学、一元函数积分学、向量代数与空间解析几何学、多元函数微分学、多元函数积分学等。为学习后续课程和进一步获得数学知识奠定必要的数学基础	72学时（二、三年制）
5	英语	本课程以培养学生实际应用英语的能力目标，侧重职场环境下语言交际能力的培养，培养学生逐步提高用英语进行交流与沟通的能力。同时，培养学生掌握有效的学习方法和策略，培养学生的学习兴趣和自主学习能力，提高学生的综合文化素养和跨文化交际意识，为提升学生的社会竞争力及未来的可持续发展打下必要的基础	144学时（二、三年制）

续上表

序号	课程名称	主要教学内容和要求	参考学时
6	计算机应用基础	本课程主要学习计算机、计算机网络、信息安全等方面的基础知识和办公软件高级应用，学习多媒体基础知识及使用、网页基础知识及使用。重点提高学生计算机应用综合素养，提高学生办公软件高级应用技能、具有简单处理图像、声音、视频等多媒体的能力，简单的静态网页制作与发布能力	72 学时（二、三年制）
7	体育	本课程的目标是全面锻炼学生的身体，增强体质，掌握体育基本知识、技术、技能，培养学生终身体育锻炼的能力和习惯；培养学生学习体育锻炼的原则与方法，常见运动损伤的预防与处理，具有一定的体育文化欣赏能力；掌握两项以上体育运动项目的基本知识、技术、技能；增强体质，培养吃苦耐劳、勇敢顽强的意志品质	72 学时（二、三年制）
8	就业指导与职业生涯设计	本课程是关于职业启蒙、职业目标、职业意识、求职技巧和创业准备的应用型课程，教学目的是让学生理解职业与成才的关系，理解职业生涯设计的意义和基本内容，让学生有自我认知能力，初步完成职业生涯设计，形成一定的职业意识，掌握企业通用的行为规范，学会处理企业中的人际关系	36 学时（二、三年制）
9	创新创业基础	本课程是以知识为基础、能力为导向、素质为核心的必修课程，激发学生的创业意识和激情，培养学生的创新创业精神，掌握创业的基础知识和理论，了解创业的基本流程和方法，提高创业能力和素质，培养学生不仅能在未来的岗位上立业、开拓事业，更能创办新企业，成为未来成功的企业家	36 学时（二、三年制）

（二）专业技术技能课程（见表 1－9）

表 1－9　专业技术技能课程内容和要求

序号	课程名称	对接典型工作任务及职业能力	主要教学内容和要求	参考学时
1	机械制图	典型工作任务：拆装、维修机床机械系统 职业能力：01－01、01－03－01、01－03－03、02－01－05、06、11－01、11－02、15－01、33－01－02、47－01、47－02、58－01、61－02－05、69－09、69－10－05	本课程主要内容包括用正投影的方法绘制及阅读工程图样、常用组合体的画法、标准件、常用件、一般类型零件的图样的画法及标注，装配图的看图方法与拆画画法等内容，要求学徒能够正确绘制和阅读工程图样，锻炼学生逻辑思维能力、空间想像能力，能灵活应用 AutoCAD 进行绘图等专业能力，同时培养学生认真负责、严谨细致的工作态度	72 学时（三年制）

续上表

序号	课程名称	对接典型工作任务及职业能力	主要教学内容和要求	参考学时
2	电工电子基础	典型工作任务：安装、调试、维修电机传动系统 职业能力：01－04、03－01－03、03－02、07－03－02、28、48－01、48－02、48－03、48－04、53－01、58、59、60、61、62、63－02	本课程主要内容包括直流电路、交流电路、变压器、二极管和晶体管、运算放大器、数字电路等内容，要求学徒识读和分析常用电工电子电路图，常用电工电子仪器仪表的使用方法等专业技术知识，培养学徒进行电器线路管理、维修技术改造等专业能力，具备电工、电子设备运行现场发现问题、综合分析问题和解决生产实际问题的能力	72 学时（三年制）
3	典型机械结构与应用	典型工作任务：拆装、维修机床机械系统 职业能力：01－03、02－01、03－03、06－01、06－04－04、11－01、15－01、18－03、18－04、29、30－03、33、34－03、34－04、36、47	本课程主要内容包括典型机构、机械传动装置和通用机械零部件的类型、结构、特性和实际应用分析、设计、运用和维护等内容，要求学徒掌握机械零件的选用和设计的基本方法等专业技术知识，培养学徒的识图、机械拆装等专业能力，同时培养学生较强的工程意识及创新能力	54 学时（三年制）
4	测量设备应用与维护	典型工作任务：使用、维护、保养工具、量具、检具及测量设备 职业能力：01－02、01－03、02－01、03、05－02、06－03、07、11－03、12－06、16－02、18－04、31－02、33、34、36、46、47－05、49－01、58、59、65、69	本课程主要包括使用、维护、保养水平仪、自准直仪、深度尺等工具、量具、检具及测量设备等内容，要求学徒掌握工具、量具、检具及测量设备的使用方法和测量标准等专业技术知识，培养学徒能操作各类测量器具快速准确进行测量、维护保养等专业能力，同时遵守岗位安全操作规程，具备责任安全意识的职业素养	72 学时（三年制）
5	测量设备与检测系统应用与维护	典型工作任务：使用、维护、保养工具、量具、检具及测量设备和分析、构建、维护自动化检测系统 职业能力：01－02、01－03、01－04、03－01、03－02－08、03－03、05－02、06－03、11－03、16－02、23－04、24－01、33－02、34－03、46、47－05、48－04－06、58、59、62－03、65－01、69	本课程主要包括使用、维护、保养水平仪、自准直仪等器具，构建、应用传感器检测系统等内容，要求学徒掌握器具使用方法、测量标准，以及传感器安装调试方法等专业技术知识，培养学徒能操作测量器具、对自动化检测控制系统进行安装、调试和维护等专业能力，具备精益求精的工匠精神，发现问题和解决问题的能力	108 学时（二年制）

续上表

序号	课程名称	对接典型工作任务及职业能力	主要教学内容和要求	参考学时
6	电机与电气控制技术	典型工作任务：安装、调试、维修电机传动系统 职业能力：02-03、03-02、10-01-02、12-05-08、14-03、15-01、15-02、16-03、47-04、48-01、48-02、48-05-11、58、59、60、61、62、63-02、65-02、69	本课程主要包括直流电机及电力拖动、变压器、三相异步电动机、特种电动机、常用低压电器、常用机床电气控制线路等内容，要求学徒掌握电机和常用低压电器的结构、工作原理和有关应用知识，培养学徒电动机转速的调节、典型电气控制电路及其识读和分析方法等专业能力，同时具备吃苦耐劳的的职业素养	54学时（三年制）
7	电机控制技术及装调	典型工作任务：安装、调试、维修电机传动系统 职业能力：01、02-03、03-01、03-02、06-01、06-02、07、10-01、11-01、11-02、12、14-03、15-01、15-02、16-03、17-05、17-06、20-02、37-01、47-04、48、50-01、50-02、57-01、58、59、60、61、62、63-02、65-05、69	本课程主要包括安装调试电机及变压器、设计电机常用控制电路、调试电机变频调速系统和伺服电机控制系统、分析与处理电机故障等内容，要求学徒掌握电机及变压器的安装调试方法、电机控制系统设计调试方法、电机变频调速的方法等专业技术知识，培养学徒安装、调试、维修电机等专业能力，同时具备团队合作意识及吃苦耐劳的的职业素养	108学时（二年制）
8	液压传动	典型工作任务：安装、调试、维修液压传动系统 职业能力：01-05、02、03-04、10-01、12-02、12-05、14-01、36-02、47、62-01、62-03、69	本课程主要包括液压传动基础、液压动力元件、液压执行元件、液压控制元件、液压系统辅助元件、液压基本回路作用原理、性能和用途等内容，要求学徒掌握典型液压系统和液压系统的设计步骤和方法等专业能力，同时具备自主学习的意识，有吃苦耐劳不怕脏的精神。	54学时（三年制）

续上表

序号	课程名称	对接典型工作任务及职业能力	主要教学内容和要求	参考学时
9	液压气动应用技术与维护	典型工作任务：安装、调试、维修液压传动系统 职业能力：01 - 05、02、03、07 - 01、07 - 05、10 - 01、11 - 01、12 - 02、12 - 05、14、36 - 02、47、62 - 01、62 - 03、69	本课程主要包括装调液压、气压系统、故障排查、诊断与分析处理生产线液压系统故障等内容，要求学徒掌握液压和气压系统的装调及故障排查方法、生产线液压系统故障处理方法等专业技术知识，培养学徒安装、调试、维修液压气动系统等专业能力，同时具备自主学习的意识，有吃苦耐劳不怕脏的精神	108 学时（二年制）
10	通用机电设备装调与维修	典型工作任务：安装、调试、维修通用机电设备 职业能力：01、03 - 03、07 - 03、33、34、35 - 01、35 - 02、58、59、60、61、62、63、69	本课程主要内容包括电工特种作业操作证、维修电工/钳工中级技能考证训练，要求学徒掌握上述技能鉴定要求的基本知识，取得电工操作证、钳工/电工中级证。培养学徒钳工/电工的基本操作技能技巧，能够熟练使用、调整和维护保养通用机电设备，正确使用工、夹、量具等。具有安全生产和文明生产习惯，养成吃苦耐劳职业道德	126 学时（二、三年制）
11	自动化检测系统装调与维修	典型工作任务：分析、构建、维护自动化检测系统 职业能力：01 - 01、01 - 04、02 - 03、03 - 01、03 - 02、05 - 02、07 - 05、12 - 05、16 - 03，19 - 02、23 - 04、24 - 01、28 - 02、31 - 04、42 - 01、42 - 02、44 - 01、45 - 01、48 - 04、62 - 01、62 - 03、65 - 01、69	本课程主要包括构建和应用常用传感器检测系统、分析气烧石灰窑自动化检测控制、分析水处理系统自动化检测控制系统等内容，要求学徒掌握温度、压力、流量和物位等传感器选型、特性、校验、安装和调试方法等专业技术知识，培养学徒自动化检测控制系统设计、安装、调试及维护等专业能力，同时具有自主学习的意识、具备革新创新意识和思维	90 学时（三年制）

续上表

序号	课程名称	对接典型工作任务及职业能力	主要教学内容和要求	参考学时
12	可编程序控制器应用与调试	典型工作任务：装调、设计、改进 PLC 控制系统 职业能力：01－01、01－04、01－05、02－01、02－03、03－02、06－02、07、36－02－02、48、49－01、50－01、50－02、61－04、62－01、62－02、62－03、63－02、65、67－02、68－01、69	本课程主要包括安装和调试自动化生产线传送带 PLC 控制系统、安装与调试工厂水处理可编程序控制器变频控制系统、优化飞剪 PLC 控制系统性能等内容，要求学徒掌握 PLC 硬件接线、逻辑和功能指令、模拟量和顺序控制编程等专业技术知识，培养学徒 PLC 设计、安装、调试及维护等专业能力，同时遵守岗位安全操作规程，具备责任安全意识	108 学时（二、三年制）
13	毕业设计	典型工作任务：企业技改项目实践 职业能力：12－06、14－03、15－01、16、17、25－01、26、35－01－06、45－02、57－01、66－03、69	本课程要求学徒在企业师傅和学校导师的指导下，参与一项给定的实际企业技改项目或独立完成专业技术论文等任务。要求学徒掌握科学研究的基本方法和撰写技术文件的能力，提高分析和解决实际问题的能力；培养学生严肃认真的科学态度和严谨求实的工作作风，树立正确的工程观点、生产观点和全局观点	156 学时（二、三年制）

（三）学徒岗位能力课程（见表 1－10）

表 1－10　学徒岗位能力课程内容和要求

序号	课程名称	对接典型工作任务及职业能力	主要教学内容和要求	参考学时
1	设备点检实务	典型工作任务：管理、点检、维保车间设备 职业能力：04、06、08、09、11－02、13、15－02、17、18、19、20、21、22、23、24、25、27、31、34、51、55－03、63－01、69	本课程主要包括管理设备信息、维护车间设备运行、执行设备日常点检及专业点检、编制设备点检作业标准和设备润滑技术管理等内容，要求学徒掌握设备运行维护方法、设备点检方法及手段、设备润滑管理等专业技术知识，培养学徒点检、维护、管理设备等专业能力，同时具备爱岗敬业、吃苦耐劳的职业素养	108 学时（二、三年制）

续上表

序号	课程名称	对接典型工作任务及职业能力	主要教学内容和要求	参考学时
2	专用机电设备安装与调试	典型工作任务：安装、调试专用机电设备 职业能力：01、03－03、05－02、06－01、06－02、07－01、07－03、11－03、12、33、34、35－01－06、35－02－03、35－03、36－02－07、36－02－07、37－01－05、37－01－06、39－01－01、41－01、45－02－01、69	本课程主要内容包括加热炉风机、轧机主传动装置、剪机、上料装置、矫直机等常用专用机电设备的安装与调试，要求学徒掌握专用机电设备结构组成、精度检测等相关知识，培养学徒编制专用机电设备装配工艺流程、安装调试设备、调整功能部件和整机精度，诊断与排除设备故障等专业能力，同时具备发现问题和解决问题的能力	126学时（三年制）
3	专用机电设备维修	典型工作任务：安装、调试专用机电设备 职业能力：33、34、35－01－06、35－02－03、35－03、36－02－07、36－02－07、37－01－05、37－01－06、39－01－01、41－01、45－02－01、69	本课程主要内容包括加热炉风机、轧机主传动装置、剪机、上料装置、矫直机等常用专用机电设备或合作企业专用机电设备的维护维修，要求学徒掌握专用机电设备结构组成、精度检测等相关知识，培养学徒安装调试设备、调整功能部件和整机精度、诊断与排除设备故障等专业能力，同时具备团队协作、精益求精的职业素养	108学时（二年制）
4	电气控制系统应用与故障处理	典型工作任务：安装、调试、维修、改进机电设备控制系统 职业能力：02、03、06、07、12、16、58－01、58－02、58－05、58－06、59、60、61、62－01、62－02、62－03、65－01、65－02、65－03、65－04、68－02、68－03、69	本课程主要包括安装与调试天车大车继电控制电路、诊断与分析轧钢生产线裙板分钢控制系统故障、分析轧线飞剪控制系统参数及优化系统性能等内容，要求学徒掌握电气控制系统常用低压电器、PLC控制、单闭环直流调速等专业技术知识，培养学徒电气控制系统的设计、安装、调试、维护、故障排除和性能优化等专业能力，同时具备爱岗敬业、吃苦耐劳的职业素养	108学时（三年制）

续上表

序号	课程名称	对接典型工作任务及职业能力	主要教学内容和要求	参考学时
5	机床机械拆装与精度调整	典型工作任务：拆装、维修机床机械系统 职业能力：01、02 - 01、03、06、33、46、47、69	本课程主要包括机床电动方刀架和刀库、十字滑台、夹紧装置、进给传动装置及主轴箱部件等典型机械零部件、装置以及整机的拆卸、安装和精度调整等内容，要求学徒掌握轴承、键、导轨和齿轮等典型零件的精度标准和机床机械常用的拆卸方法等专业技术知识，培养学徒机床拆卸、安装、调试等专业能力，同时具备精益求精的工匠精神	108 学时（三年制）
6	数控机床电气系统装调与维护	典型工作任务：安装、调试、维修数控机床电气系统 职业能力：18 - 04、18 - 05、19 - 03、48、49、50、51、69	本课程主要内容包括数控机床电路设计制作、控制系统连接与调试、参数设置、PMC 程序设计调试、数控机床故障诊断与维修及机电联调与试切加工等。要求学徒掌握数控机床电气系统工作原理等相关知识。培养学徒制作数控机床电气柜、设置修改参数、调试维修数控机床电气系统等专业能力，同时遵守岗位安全操作规程，具备责任安全意识职业素养	126 学时（三年制）
7	数控机床装调与维护	典型工作任务：安装、调试、维修数控机床电气系统和拆装、维修机床机械系统 职业能力：01 - 01、02 - 01、07 - 03、11 - 01、18、19 - 03、33、34、36、37、46、47、48、49、50、51、69	本课程主要内容包括数控机床机械部件拆装、精度调整、电气系统连接调试、参数设置、PMC 程序设计调试、机床故障诊断与维修及机电联调与试切加工等。要求学徒掌握数控机床结构组成及工作原理等相关知识，培养学徒制作数控机床安装、调试、维修、维护、保养等专业能力，同时具备自主学习、解决问题的职业素养	144 学时（二年制）
8	机电设备运行状态分析与故障诊断	典型工作任务：设备运行状态分析与故障诊断 职业能力：04、05、08、09、10、13、14、15、16、23、24、25、27、31、34、35、36、50、52、55 - 03、61、69	本课程主要包括采集和管理设备状态数据、分析电机、水泵、减速机、风机等设备的状态，并进行故障诊断等内容，要求学徒掌握采集、统计分析设备状态数据的方法，诊断技术的方法，以及状态的评价方法等专业技术知识，培养学徒处理信息数据、分析状态和故障诊断等专业能力，同时具有高度责任心、能对工作持之以恒的职业素养	126 学时（二、三年制）

十一、教学安排

（一）二年制教学安排（见表1-11）

表1-11　二年制教学安排

课程类别		课程名称	学分	总学时	各学期周数、学时分配				教学场所学时分配		评价方式	说明
					1	2	3	4	学校	企业		
					18	18	18	18				
公共基础课程	必修课	思想品德修养与法律基础	4	72	2	2			18	54	②+③	
		毛泽东思想和中国特色社会主义理论体系概论	4	72			4		18	54	②+③	
		形势与政策	2	36	1	1				36	②+③	
		高等应用数学	4	72	4				60	12	①+②	
		英语	8	144	4	4			120	24	①+②	
		计算机应用基础	4	72		4			36	36	②+③	
		体育	4	72	2	2				72	③	
		就业指导与职业生涯设计	2	36	1		1		12	24	②+③	
		创新创业基础	2	36				2	12	24	②+③	
		已安排课程小计	34	612	14	13	5	2	276	336		
		……	2	38								
		小计	36	650								
专业课程	专业技术技能课程（必修课）	测量设备与检测系统应用与维护	6	108	6				36	72	①+②+③+④	
		电机控制技术及装调	6	108	6				36	72	①+②+③+④	
		液压气动应用技术与维护	6	108		6			54	54	①+②+③+④	
		通用机电设备装调与维修	7	126			7		72	54	⑤	
		可编程序控制系统应用与调试	6	108		6			54	54	①+②+③+④或⑤	
		毕业设计	6	156				6	18	138	②+③	
		已安排课程小计	37	714	12	12	7	6	270	444		
		……	3	72								
		小计	40	786								

续上表

课程类别		课程名称	学分	总学时	各学期周数、学时分配				教学场所学时分配		评价方式	说明
					1	2	3	4	学校	企业		
					18	18	18	18				
专业课程	学徒岗位能力课程（限选课）	设备点检实务	6	108			6		36	72	①+②+③+④或⑤	
		专用机电设备维修	6	108			6		36	72	①+②+③+④或⑤	
		数控机床装调与维护	8	144				8	54	90	①+②+③+④或⑤	
		机电设备运行状态分析与故障诊断	7	126				7	54	72	①+②+③+④或⑤	
		已安排课程小计	27	486			12	15	180	306		
		……	3	72								
		小计	30	540								
任选课（含专业拓展课程）		……	……	200～220								
合计			大于90	2 000～2 200	22～26	22～26	22～26	22～26				

注：各校在此基础上，结合学校实际情况，将课程体系设计完整后。（1）高职学段总学时数为2 000学时，公共基础课程约20%～30%课时，专业技术技能课程占786课时，学徒岗位能力课程占540课时。（2）评价方式：①笔试，②面试，③任务考核，④业绩考核，等等。（3）总学分不少于90，含军训及入学教育、在岗培养、社会实践、毕业教育等活动的学分。（4）“……”表示由各院校自行安排的必修课程、选修课程。

（二）三年制教学安排（见表1－12）

表1－12　三年制教学安排

课程类别		课程名称	学分	总学时	各学期周数、学时分配						教学场所学时分配		评价方式	说明
					1	2	3	4	5	6	学校	企业		
					18	18	18	18	18	18				
公共基础课程	必修课	思想品德修养与法律基础	4	72	2	2					18	54	②＋③	
		毛泽东思想和中国特色社会主义理论体系概论	4	72			4				18	54	②＋③	
		形势与政策	2	36	1	1					18	18	②＋③	
		高等应用数学	4	72	4						54	18	①＋②	
		英语	8	144	4	4					36	108	①＋②	
		计算机应用基础	4	72		4					36	36	②＋③	
		体育	4	72	2	2						72	③	
		就业指导与职业生涯设计	2	36	1		1				36		②＋③	
		创新创业基础	2	36			2				36		②＋③	
		已安排课程小计	34	612	14	13	7				270	342		
		……	2	38										
		小计	36	650										
专业课程	专业技术技能课程（必修课）	机械制图	4	72	4						54	18	①＋②	
		电工电子基础	4	72	4						54	18	①＋②	
		电机与电气控制技术	3	54		3					36	18	①＋②	
		典型机械结构与应用	3	54		3					36	18	①＋②	
		液压传动	3	54		3					36	18	①＋②	
		测量设备应用与维护	4	72			4				36	36	①＋②	
		自动化检测系统装调与维修	5	90			5				36	54	①＋②＋③＋④或⑤	

续上表

课程类别		课程名称	学分	总学时	各学期周数、学时分配						教学场所学时分配		评价方式	说明
					1	2	3	4	5	6	学校	企业		
					18	18	18	18	18	18				
专业课程	专业技能课程	可编程序控制系统应用与调试	6	108			6				54	54	①+②+③+④或⑤	
		通用机电设备装调与维修	7	126				4	3		72	54	⑤	
		毕业设计	6	156						6	18	138	②+③	
		已安排课程小计	45	858	8	9	15	4	3	6	450	408		
		……	3	54										
		小计	48	912										
	学徒岗位能力课程（限选课）	设备点检实务	6	108				6			36	72	①+②+③+④或⑤	
		专用机电设备安装与调试	7	126					7		36	90	①+②+③+④或⑤	
		电气控制系统应用与故障处理	6	108				6			36	72	①+②+③+④	
		机床机械拆装与精度调整	6	108				6			36	72	①+②+③+④或⑤	
		数控机床电气系统装调与维护	7	126					7		54	72	①+②+③+④或⑤	
		机电设备运行状态分析与故障诊断	7	126						7	54	72	①+②+③+④或⑤	
		已安排课程小计	39	702				18	14	7	252	450		
		……	6	108										
		小计	45	810										
任选课（含专业拓展课程）		……												
合计			不低于120	2 500～2 700	22～26	22～26	22～26	22～26	22～26	22～26				

注：（1）高职学段总学时数为2 500～2 700学时，专业技术技能课程占858学时，学徒岗位能力课程占702学时。（2）评价方式：①笔试，②面试，③任务考核，④业绩考核，等等。（3）总学分不低于120，含军训及入学教育、在岗培养、社会实践、毕业教育等活动的学分。（4）“……”表示由各院校自行安排的必修课程、选修课程。

十二、教学基本条件

（一）学校条件

1. **学校导师条件**

（1）专业带头人具备硕士及以上学历/学位，具有高等职业学校教师职业资格、副高及以上的专业技术职称和专业相关职业资格，具有深厚的专业水平和实践能力，原则上为“双师型”教师。

（2）学校导师师生比规模达到1∶20。学校导师具备本科及以上学历，具有高等职业学校教师职业资格证；中级及以上职称的教师比例不低于60%；具有本机电设备维修与管理专业相关职业资格证书，具有企业实践经历，有较强的机电设备维修与管理专业知识，具备良好的师德与终身学习能力，能根据行业发展、企业现状和学生个人发展调整教学内容。

2. **校内实训室**

校内实训室须具备专业教学机房、钳工、电工、PLC、通用机床维修、数控机床故障诊断与维修等实训室，主要设施设备及数量见表1－13。

表1－13　校内实训室主要设施设备及数量

序号	实训室名称	主要工具和设施设备		
		名称	规格	数量（生均台/套）
1	钳工实训室	虎钳	150 mm	1
		台钻	Z4112B	1
		常用刀具	钻头、丝锥、铰刀等	1
		常用工具	锉、锯、改锥、扳手、划针、样冲、錾子、榔头、铰杠、扳牙架、防护镜、辅料等	1
		常用量具	游标卡尺、量角器、米尺、R规等	1
2	电工实训室	初级、中级电工考证实训装置	满足国家职业资格鉴定考证要求	1
3	液压实验室	典型液压控制回路	继电器控制液压传动回路、PLC控制液压传动回路、同步控制回路、顺序控制回路、气动控制回路等	0.5
		微机控制液压传动综合实验装置	软件控制、PLC控制、继电器控制、时间继电器控制等多种控制方式	0.5
4	传感器实训室	常用传感器	热电偶、热电阻、电涡流传感器、霍尔传感器、电感等	0.5

续上表

序号	实训室名称	主要工具和设施设备		
		名称	规格	数量（生均台/套）
5	自动线实训室	自动化生产模块组合式实训平台	>1.3 kW	0.5
6	PLC 实训室	PLC 综合实训系统	FX3U、s7－200、s7－300 等	0.5
		变频器	三菱、西门子等	0.5
		工业触摸屏	7 寸	0.5
		电脑	i7	0.5
7	专业教学机房	电脑	i7	1
		专业软件	CAD、ERP、设备点检管理软件等	1
8	机床电气实训室	铣床	X62W	0.5
		摇臂钻床	Z3040	0.5
9	机床维修实训室	车床	CA6140	0.5
		铣床	X62W	0.5
10	数控机床故障诊断与维修实训室	数控车床综合实验实训系统	FANUC 0iT	0.5
		数控铣床综合实验实训系统	FANUC 0iMD	0.5
		电脑	i7	0.5

（二）企业条件

1. 企业导师条件

（1）企业导师数量满足要求，即师徒比 1：2。企业导师为从事本行业工龄 5 年以上的企业正式员工，原则上具有大专及以上学历；中级及以上专业技术资格或技师及以上职业资格。

（2）具有良好的职业道德和协作意识，工作积极，有奉献精神。

（3）设备维修与管理能力突出，在企业有一定的影响力，有较丰富的岗位教学与管理经验。

2. 岗位培养条件

合作企业设有机械维修工、电气维修工、数控机床维修工、自动线维修工、设备管理员等岗位，有一定的教学场地及教学设备，能满足学徒的企业课程学习需求。

十三、教学实施建议

1．教学要求

公共基础课教学要符合教育部有关教育教学基本要求，按照培养学生基本科学文化素养、服务学生专业学习和终身发展的功能来定位，为学生综合素质的提高、职业能力的形成和可持续发展奠定基础。

专业课教学要体现在岗培养、工学交替的特点，以学生为中心，“做中学、学中做”的教学理念。充分利用现代教育技术和学生岗位工作条件，实现理论学习与操作实践一体化教学；充分结合岗位工作任务，实施真实的项目化教学，开展岗位能力内容培训和业绩考核。

2．教学组织形式

强化现场教学，突出工学交替。企业在现场组织的政治学习、技术技能培训、文体活动计算学时、学分，在不影响企业生产的同时减轻学徒负担，调动学徒学习积极性。

改革教学方法，创新教学手段和教学模式。集中讲授以任务驱动、项目实施、案例分析等形式，突出培养学生解决和分析实际问题的能力；加强数字化资源、仿真资源等教学资源的开发与利用；教学手段应多元化，运用网络教学和多媒体教学，引入企业和学校远程资源。

3．学业评价

教学评价应体现评价主体、评价方式、评价手段的多元化，学校企业共同参与，校内校外评价结合，职业技能鉴定与学业考核结合，教师评价、学生互评与自我评价结合，过程性评价与结果性评价结合。不仅关注学生对知识的理解和技能的掌握，更要关注知识在实践中运用与解决实际问题的能力水平，重视规范操作、安全文明生产等职业素质的形成。

现代学徒制的学业评价必须以业绩考核为主导，将企业的绩效考核引入到学业评价之中。岗位能力的评价不但要看操作的结果，而且要看操作过程的规范性，以及对问题的分析和解决能力。岗位实训的评价由企业导师、师傅主导，参照行业标准进行评价。学业评价注重教学效果，由校企专业教学团队和教学管理相关人员集体讨论制订具体的评价方案。方案的评价指标应重点体现教师的授课情况和学生的学习情况；重点突出教学内容是否符合岗位能力需求，对提升学生的职业能力是否有帮助，教学方式方法是否科学，教学准备是否充分，检查学生的学习态度、学习效果等。

4．教学管理

根据现代学徒制生源特点，结合行业企业发展和学生工作实际，制订相应的人才培养方案、教学进程和考核要求。建立规范的教学管理制度，教学中实施学分制管理，学生必须按照要求修完规定的学分才能毕业。在教学安排、课程设置、考试考核与评价模式等方面，积极探索与之相适应的管理模式。

以职业岗位能力与素质要求明确课程目标，注重教学与生产、教学与服务的有机结合，实施工作岗位现场教学和实操指导，提升学生的职业素质与实际岗位工作能力。

5. **质量监控**

建立内部质量保障机制，由企业管理人员和学校管理人员共同参与教育教学的过程及结果监控。建立外部质量监控机制，通过第三方评价，体现、保证、促进育人质量。

十四、其他

本专业教学标准是由广东松山职业技术学院与宝钢集团广东韶关钢铁有限公司联合开发而成。同时，编写组得到了广东省教研院职教室专家们的悉心指导，也得到了宝钢特钢韶关有限公司轧钢分厂、深圳互丰科技有限公司、深圳发那数控有限公司、韶能集团韶关宏大齿轮有限公司等企业专家的指导和帮助。

1. **参与开发的行业企业专家团队（见表1－14）**

表1－14　行业企业专家团队

序号	姓名	单位	职称、职务
1	胡占民	宝钢集团广东韶关钢铁有限公司	电气首席工程师
2	王梱	宝钢集团广东韶关钢铁有限公司	人力资源部长助理
3	姜海军	宝钢集团广东韶关钢铁有限公司	机械首席工程师
4	廖天阳	宝钢集团广东韶关钢铁有限公司	机电首席工程师
5	陈听雨	宝钢集团广东韶关钢铁有限公司	工程师
6	郑楚宏	宝钢集团广东韶关钢铁有限公司	电气首席技能师
7	薛自力	宝钢集团广东韶关钢铁有限公司	高级工程师
8	陈锦辉	宝钢集团广东韶关钢铁有限公司	高级工程师
9	谌德祥	深圳互丰科技有限公司	总经理
10	刘小涛	深圳发那数控有限公司	总经理
11	黄柏林	宝钢集团广东韶关钢铁有限公司	工程师
12	李柳钦	韶能集团韶关宏大齿轮有限公司	卡特生产线工段长
13	李建国	乐昌市中建材水泥有限公司	设备主管
14	黄春旭	宝钢集团广东韶关钢铁有限公司	注册电气工程师
15	何东兴	宝钢集团广东韶关钢铁有限公司	技能部门开发主任工程师
16	曾伟珍	宝钢集团广东韶关钢铁有限公司	高级工程师
17	杨成海	宝钢集团广东韶关钢铁有限公司	高级工程师
18	刘德钦	宝钢集团广东韶关钢铁有限公司	高级工程师
19	胡庆国	韶关星火创客有限公司	经理

2. 参与开发的学校教师团队（见表1-15）

表1-15 学校教师团队

序号	姓名	单位	职称、职务
1	杨宇	广东松山职业技术学院	副教授、副校长
2	刘松	广东松山职业技术学院	副教授、副院长
3	林燕虹	广东松山职业技术学院	讲师、专业负责人
4	杨秀文	广东松山职业技术学院	副教授、专业负责人
5	李嫄	广东松山职业技术学院	讲师
6	柯楚强	广东松山职业技术学院	讲师、系办公室主任
7	张华伟	广东松山职业技术学院	讲师、专业负责人
8	邹臣嵩	广东松山职业技术学院	讲师
9	黄义营	广东松山职业技术学院	高级技师
10	刘雄清	广东松山职业技术学院	高级技师
11	张啸杰	广东松山职业技术学院	助教
12	唐国兰	广东松山职业技术学院	讲师、专业负责人
13	曹智梅	广东松山职业技术学院	高级实验师、专业负责人
14	赖鹏彬	广东松山职业技术学院	工程师
15	李福运	广东松山职业技术学院	讲师
16	潘立业	广东松山职业技术学院	助教
17	罗国民	广东松山职业技术学院	教授
18	刘芳	广东松山职业技术学院	讲师
19	范卉敏	广东松山职业技术学院	副教授

下　篇
高职现代学徒制
机电设备维修与管理专业课程标准

专业技术技能课程：电机控制技术及装调课程标准（二年制）

一、课程名称

电机控制技术及装调。

二、适用专业及面向岗位

本课程既适用于机电设备维修与管理专业，又可适用于机电一体化技术、数控设备应用与维护和自动化生产设备应用等专业。面向电气维修、数控机床维修和自动线维修等岗位。

三、课程性质

本课程为专业技术技能课程，是本专业的核心必修课程。课程属于校企合作完成课程，以企业在岗培养为主，学校的理实一体化教学为辅。

四、课程设计

以本专业职业能力分析表为依据，形成“安装、调试、维修电机传动系统”典型工作任务，构建课程的内容，本课程以工作任务为主线进行课程设计。本课程的典型工作任务可分解为“安装与调试轧钢主电机”“设计与调试送料小车自动往返控制电路”“三相电力变压器安装与调试”“分析与调试加压水泵变频调速系统”“分析与处理输送辊道电机无法运转故障”“分析与调试自动套标机控制系统”6个任务。将6个任务分别转化为“轧钢主电机的安装与调试”“送料小车自动往返控制电路的设计与调试”“三相电力变压器安装与调试”“加压水泵变频调速系统分析与调试”“输送辊道电机无法运转故障的分析与处理”“自动套标机控制系统分析与调试”6个模块。

前4个模块为并行学习的基础模块，在校内完成理实一体化培养，再到企业开展岗位培养；第5个模块为技能的提升模块，在企业进行在岗培养，能完成电机故障的排查训练；第6个模块为特种电机的学习模块，在企业开展岗位培养。

五、课程教学目标

（一）认知目标

（1）了解常用低压电器的原理及其图形符号和文字符号。
（2）分析三相异步电动机工作原理。
（3）总结轧钢主电机（包括直流电机和交流电机）的安装与调试要求。
（4）了解电力变压器安装与调试的要求。
（5）分析变频调速的原理。
（6）总结交流伺服电机及步进电机装调的方法及控制原理。

（二）能力目标

（1）会安装调试交直流电动机。
（2）会安装与使用常用低压电器。
（3）会安装与设计常用电机基本控制电路。
（4）会分析与调试三相异步电动机变频调速系统。
（5）会分析与处理电机运转故障。
（6）会安装与调试三相异步电动机。

（三）情感目标

（1）具有获取新知识的能力、综合运用所学知识分析和解决问题的能力。
（2）具有团队合作能力、专业技术交流的表达能力。
（3）关注行业发展动态，紧跟技术发展前沿，终生适应科技发展水平，树立创新意识，培养创新精神。
（4）遵守岗位安全操作规程，具备安全责任意识。

六、参考学时与学分

参考学时：108学时。
参考学分：6学分。

七、课程结构

电机控制技术及装调课程结构见表2－1。

表2－1　电机控制技术及装调课程结构

序号	学习模块	对接典型工作任务及职业能力要求	知识、技能、态度要求	教学活动设计	学时
1	轧钢主电机的安装与调试	01－01 01－02 01－04 02－03－01 02－03－02 02－03－08 03－01 03－02 06－02－09 07－01 07－02 07－03 07－04 07－05－01 07－05－02 20－02－06 47－04－10 48－05－11 69－01 69－05 69－08	①掌握轧钢主电机的搬运（吊装）技能。 ②会对轴承座绝缘性能进行测定并排查故障，使其达到标准要求。 ③会吊装定子和转子。 ④会进行转子轴线的调整。 ⑤掌握电动机传动装置的安装与矫正技能。 ⑥掌握轧钢主电机的运行调试方法。 ⑦具有团队合作能力、专业技术交流的表达能力；遵守岗位安全操作规程，具备安全责任意识	1. 接受安装任务（1学时） ①分析轧钢主电机的搬运（吊装）方法； ②理会轧钢主电机的结构； ③分析轧钢主电机的安装技术要求； ④明确安装安全操作规程。 2. 制订安装计划（1学时） ①制定安装任务明细表； ②编制安装时间安排表； ③编制轧钢主电机安装工艺流程。 3. 安装准备（1学时） ①准备安装工具，并会正确使用； ②准备安全工具，并会正确使用。 4. 安装轧钢主电机（11学时） ①安装与矫正轧钢主电机； ②安装与矫正轧钢主电机传动装置。 5. 轧钢主电机调试（1学时） ①检验轧钢主电机是否正常工作； ②运行调试轧钢主电机。 6. 评价与反馈（1学时） ①进行自评、互评； ②撰写安装调试总结报告	16
2	送料小车自动往返控制电路的设计与调试	06－01－03 11－01－03 11－02－09 12－01－04 12－02－04 12－03－04 12－05－02 17－05－06 17－06 48－02－01 48－02－02 48－02－03 48－02－04 48－03－01 48－03－02 57－01、58－01 58－02、58－05 58－06、59－01 59－02、59－03 59－04、59－05 69－04	①了解三相异步电动机的运行原理。 ②掌握三相异步电动机正反转控制的方法。 ③会进行正反转控制电路的设计。 ④会进行行程的控制。 ⑤掌握极限保护的方法及意义。 ⑥会对电路进行运行调试。 ⑦具有制订工作计划的方法能力，获取新技能的学习能力、解决实际问题的工作能力	1. 接受任务（1学时） ①知会送料小车自动往返工作流程； ②分析送料小车自动往返控制电路的构成及功能。 2. 制定电路设计方案（1学时） ①制定安装任务明细表； ②编制安装时间安排表； ③编制程序设计工艺流程。 3. 设计调试准备（1学时） ①准备控制电路所需电器元件； ②准备安装电路所需工具。 4. 设计电路（6学时） ①设计送料小车自动往返主电路； ②设计送料小车自动往返控制电路。 5. 调试电路（4学时） ①运行送料小车自动往返控制电路； ②调试送料小车自动往返控制电路。 6. 评价与反馈（1学时） ①进行自评、互评； ②撰写电路设计调试总结报告	14

续上表

序号	学习模块	对接典型工作任务及职业能力要求	知识、技能、态度要求	教学活动设计	学时
3	三相电力变压器安装与调试	01－01 01－02 01－04 03－01 03－02－05 48－01－15 48－02－12 48－04－19 69－01 69－05	①知会变压器安装前的准备工作。 ②能检查变压器器身。 ③会进行变压器本体附件的安装。 ④知会变压器的注油要求及热循环要求。 ⑤知会变压器补油、整体密封检查和静放要求。 ⑥会进行变压器的调试及验收。 ⑦具有团队合作能力、专业技术交流的表达能力	1. 接受任务（1学时） ①知会三相电力变压器的结构； ②知会三相电力变压器的功能； ③理会三相电力变压器的原理。 2. 制订安装计划（1学时） ①制定安装任务明细表； ②编制安装时间安排表； ③编制三相电力变压器安装工艺流程。 3. 安装准备（1学时） ①准备安装工具，并会正确使用； ②准备安全工具，并会正确使用； ③准备三相电力变压器本体及附件。 4. 安装三相电力变压器（7学时） ①安装三相电力变压器本体； ②安装三相电力变压器本体附件。 5. 调试三相电力变压器（7学时） ①运行三相电力变压器； ②调试三相电力变压器。 6. 评价与反馈（1学时） ①进行自评、互评； ②撰写安装调试总结报告	18
4	加压水泵变频调速系统分析与调试	03－02－06 06－01－01 06－02－02 50－01－05 62－01－05 62－03－05 65－05	①掌握变频调速的原理及三相异步电动机工作原理。 ②掌握变频器的选型及变频调速控制方法。 ③会进行变频调速控制方式的选定。 ④会进行变频器主电路的分析。 ⑤会进行控制电路的分析。 ⑥掌握三相异步电动机变频调速控制系统的调试技能。 ⑦会查阅英语说明书。 ⑧具有团队合作能力、专业技术交流的表达能力	1. 接受任务（1学时） ①理会加压水泵变频调速系统构成； ②理会加压水泵变频调速系统功能。 2. 制订调试计划（1学时） ①制定调试任务明细表； ②编制调试时间安排表。 3. 调试准备（1学时） 准备调试工具。 4. 分析加压水泵变频调速系统（6学时） ①分析加压水泵变频调速系统组成； ②分析影响加压水泵变频调速系统的主要参数。 5. 调试加压水泵变频调速系统（10学时） ①调试加压水泵变频调速系统； ②排查系统故障。 6. 评价与反馈（1学时） ①进行自评、互评； ②撰写分析调试总结报告	20

续上表

序号	学习模块	对接典型工作任务及职业能力要求	知识、技能、态度要求	教学活动设计	学时
5	输送辊道电机无法运转故障的分析与处理	10－01－02 14－03 15－01－03 15－02－08 16－03 50－02 60 61 62 63－02 69－03 69－06	①了解输送辊道电机种类及运行原理。 ②会识读输送轨道电机的电路原理图。 ③能诊断输送辊道电机故障，并能进行故障修复。 ④会对输送辊道电机进行监测及故障诊断。 ⑤掌握解决问题的技巧和方法，具有收集和处理信息的能力、获取新知识的能力、综合运用所学知识分析和解决问题的能力，形成良好的思维习惯、工作方法和科学态度	1. 接受任务（1学时） ①了解输送辊道电机种类； ②了解输送辊道电机运行要求。 2. 故障处理准备（1学时） ①准备处理故障所需工具。 ②识读电路原理图 3. 分析输送辊道电机无法运转的故障（8学时） ①分析输送辊道电机故障； ②监测输送辊道电机电路的运行并进行故障诊断。 4. 制定处理输送辊道电机故障的方案（3学时） 根据故障现象，制定处理输送辊道电机故障维修方案。 5. 处理输送辊道电机故障。(8学时) ①处理电机故障； ②记录故障现象及处理方法； ③总结故障原因。 6. 评价与反馈（1学时） ①进行自评、互评； ②撰写分析处理故障总结报告	22
6	自动套标机控制系统分析与调试	03－02－03 03－02－04 03－02－04 62－03－06 65－05	①了解自动套标机的工艺流程。 ②了解自动套标机硬件构成。 ③有变频器的使用与调试技能。 ④能分析和调试送标切标伺服参数。 ⑤能分析和调试自动套标机的控制程序。 ⑥掌握步进电机的应用。 ⑦具有良好的团队合作精神	1. 接受任务（1学时） ①了解套标机的工艺流程； ②认识控制系统的硬件构成。 2. 制订调试计划（1学时） ①制定调试任务明细表； ②编制调试时间安排表。 3. 调试准备（1学时） 准备调试工具。 4. 分析自动套标机控制系统（6学时） 分析加压水泵变频调速系统工作流程。 5. 调试自动套标机控制系统（8学时） ①调整送标切标伺服参数； ②调试自动套标机控制系统； ③排查系统故障。 6. 评价与反馈（1学时） ①进行自评、互评； ②撰写分析调试总结报告	18
合计					108

注：“职业能力”栏目下的课程职业能力编码与本书附录“1. 现代学徒制机电设备维修与管理专业职业能力分析表”的编码对应。

八、资源开发与利用

（一）教材编写与使用

教材编写以任务为导向，按工作过程设计顺序，以现场岗位实际工作条件编写教材，以机械和电气维修等岗位电机的典型应用为主线设计教材结构。

围绕课程结构表中的学习模块，对接职业能力分析表，编写“送料小车自动往返控制电路的设计与调试”适合于学校理实一体化教学的模块；编写“轧钢主电机的安装与调试”等适合在学校完成理实一体化培养，然后到企业进行在岗培养的模块；结合企业条件，编写“输送辊道电机无法运转故障的分析与处理”等模块。相关教材由课程专家和企业行业专家共同开发编写。在教材选用方面，优先推荐行业专家编写的教材、企业内部编制的教材。

（二）数字化资源开发与利用

遵循方便学徒终身学习、开放式和易于学徒与双导师互动的理念，围绕电气维修等岗位电机及电机控制的典型应用为主要内容设计数字化资源，以视频、微课和动画等为主要形式，包括教学课件、案例库和互动平台等。

（三）企业岗位培养资源的开发与利用

根据企业电气维修等岗位已有的电机及变压器资源，开发“轧钢主电机的安装与调试”等控制系统，进行理实一体化模拟教学，使学徒能完成实际电机的安装与调试；利用企业已有输送辊道电机系统，开展在岗培养，引导学徒进行在岗技术创新。

九、教学建议

“送料小车自动往返控制电路的设计与调试”采用“项目导向”的方式，在学校完成理实一体化培养；利用企业已有“轧钢主电机”“三相电力变压器”“加压水泵变频调速系统”“自动套标机控制系统”等系统，学徒在学校完成理实一体化的学习，然后采用以师带徒的形式，以“任务驱动”的方式，分组进行现场学习，完成在岗培养。

充分考虑学徒倒班、业余时间学习、基础学习参差不齐、实际工作经验不同等特点，合理设置教学目的，根据教学情况调整教学进度和教学方法，保证教学质量。

十、课程实施条件

学校有电机控制及装调等理实一体化的实训场所，实训设备的台套数按照每台 1 ~ 2 人进行配比，能够真实地进行项目化教学，充分实现理论与实践一体化教学。企业具有足够工位数、配备有电机控制系统的先进生产设备或自动生产线，保障学徒技能的训练。

学校还可开发电机控制技术及装调的网络教学资源，实现资源共享，达到学徒自学及终身学习的目的。

十一、教学评价

课程的教学评价主要由学校评价和企业评价构成，见表 2 -)。学校评价包括面试包括考勤、提问和课堂表现等；任务考核包括实验情况、实验报告、作业、网络课程学习情况和测试等。企业评价：面试包括考核面谈、问题分析讨论、汇报等；任务考核包括量化工作、综合测评、能力测试和网络课程学习情况等；业绩考核包括工作量、工作效率、工作质量、技术技能培训和技能竞赛等。

表 2 - 2　电机控制技术及装调课程教学评价

学校评价		企业评价	
评价方式	占比	评价方式	占比
笔试	15%	笔试	0%
面试	10%	面试	20%
任务考核	15%	任务考核	15%
—	—	业绩考核	25%
小计	40%	小计	60%
合计	100%		

电机控制技术及装调课程内容结构见图 2 - 1。

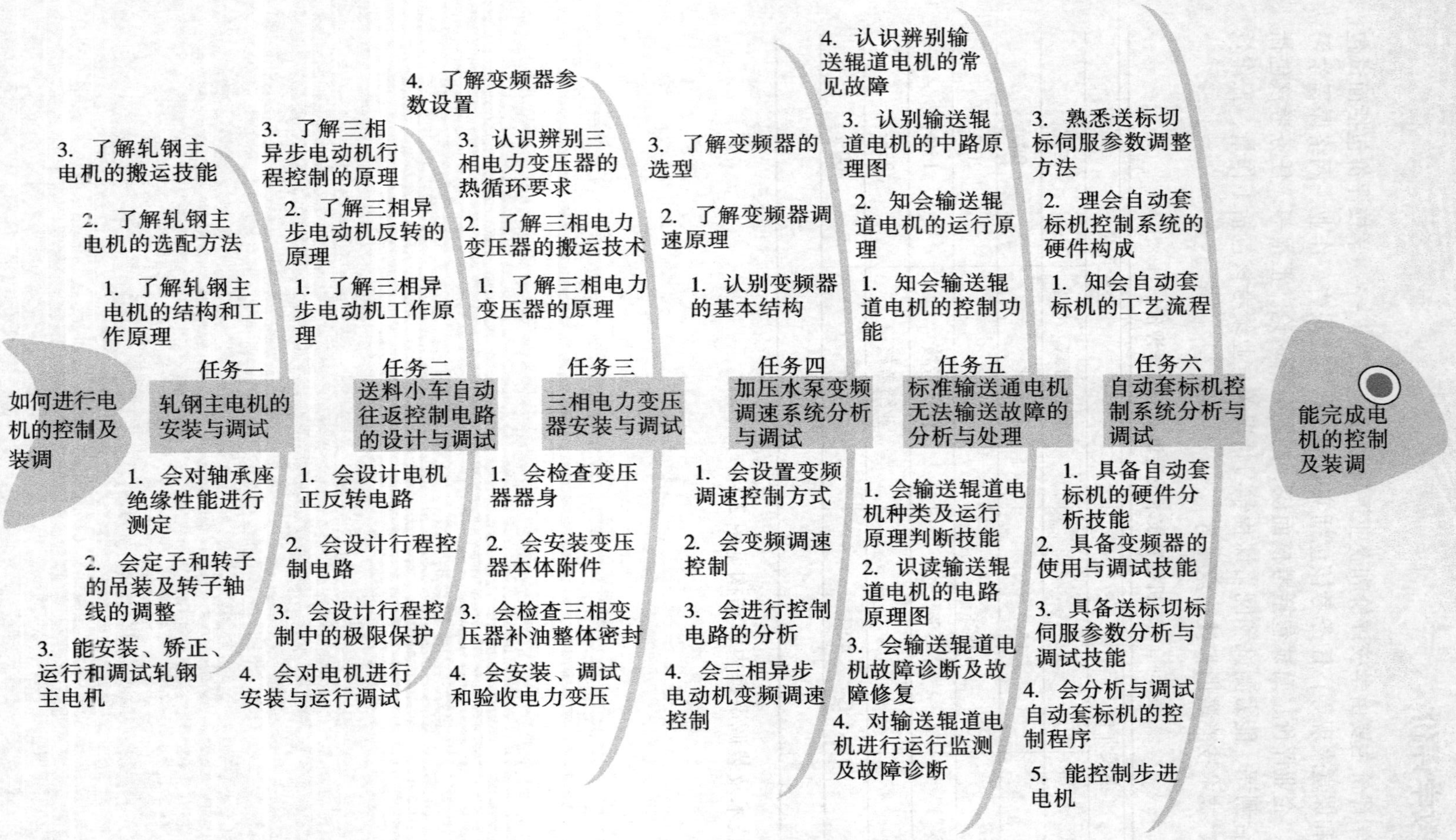

图2–1 电机控制技术及装调课程内容结构

撰稿人：广东松山职业技术学院　李嫄
宝钢集团广东韶关钢铁有限公司　杨成海

专业技术技能课程：液压气动应用技术与维护课程标准（二年制）

一、课程名称

液压气动应用技术与维护。

二、适用专业及面向岗位

本课程既适用于机电设备维修与管理专业，又可适用于机电一体化技术、数控设备应用与维护和机械制造与自动化等专业。面向机械维修、数控机床维修和自动线维修等岗位。

三、课程性质

本课程为专业技术技能课程，是本专业的必修课程。课程属于校企合作完成课程，以企业在岗培养为主，学校的理实一体化教学为辅。

四、课程设计

以本专业职业能力分析表为依据，形成了“安装、调试、维修液压传动系统”典型工作任务，构建了课程的内容，本课程以工作任务为主线进行课程设计。

本课程典型工作任务可分为“装调加热炉液压系统及故障处理”“装调机械手气压系统及故障处理”“诊断和处理生产线液压系统故障”“处理自动化生产线液压控制系统故障”4 个任务。将“装调加热炉液压系统及故障处理”任务转化为“加热炉液压系统液压元件装调”“加热炉液压系统液压回路装调”“加热炉液压系统装调及故障诊断”3 个模块；将后 3 个任务分别转化为“机械手气压系统装调及故障诊断”“轧钢生产线轧机液压系统故障诊断与处理”“自动化生产线液压控制系统故障分析及处理”3 个模块。

前 3 个模块采用循序渐进的方式，从“液压元件装调”到“液压回路装调”，再递进到“液压系统装调及故障诊断”安排模块化学习，在校内完成理实一体化培养后到企业开展岗位培养。后 3 个模块为并行的学习模块，在校内完成模拟培训，再到企业开展岗位培养。

五、课程教学目标

（一）认知目标

（1）分析液压元件及气动元件结构及使用方法。
（2）区分机电生产设备中液压和气压传动技术。

（3）了解液压基本回路的组成和工作原理。

（4）会查阅和使用液压气动技术手册。

（5）认识常见的液压气动故障。

（二）能力目标

（1）会选用、安装和维修液压元件与气动元件。

（2）会阅读液压系统原理图，能分析典型液压系统。

（3）能按要求安装和调试液压/气动回路和系统。

（4）会分析液压/气动系统故障，制订维修计划的。

（5）能排除液压/气动系统故障。

（三）情感目标

（1）具备发现问题和解决问题的能力，掌握解决问题的技巧及方法。

（2）关注行业发展新动态、能结合岗位实际深入钻研、运用先进的工具和方法，开展安全预防工作。

（3）具有自主学习的意识、具备革新创新意识和思维，并具有吃苦耐劳不怕脏的精神。

（4）具有团队合作精神。

（5）遵守岗位安全操作规程，具备安全责任意识。

六、参考学时与学分

参考学时：108 学时。

参考学分：6 学分。

七、课程结构（见表2-3）

表2-3 液压气动应用技术与维护课程结构

序号	学习模块	对接典型工作任务及职业能力要求	知识、技能、态度要求	教学活动设计	学时
1	加热炉液压系统液压元件装调	01-05-03 01-05-04 03-02-08 03-04-01 07-01-01 07-01-02 36-02-03 36-02-04 69-01 69-05	①了解液压元件的工作原理。 ②了解液压元件的结构、符号、功用。 ③能熟练拆装液压元件。 ④会进行液压元件的选型、装调及维护。 ⑤具有团队合作能力、专业技术交流的表达能力；制订工作计划的方法能力	1. 接受拆装任务（2学时） ①了解液压元件在加热炉液压系统的作用； ②掌握液压元件的基本结构及技术参数； ③分析液压元件的拆装技术要求； ④明确拆装安全操作规程。 2. 制订拆装计划（2学时） ①制定拆装任务明细表； ②编制拆装时间安排表； ③编制液压元件拆装工艺流程。 3. 拆装准备（1学时） ①领取计划文书及液压元件； ②准备拆装工具，并会正确使用； ③制定应急预案。 4. 加热炉液压元件拆装（8学时） ①完成溢流阀、换向阀及油泵的拆装； ②记录安装过程的异常情况； ③设计液压元件的结构原理图。 5. 加热炉液压元件调试（3学时） ①换装加热炉液压元件； ②调试加热炉液压系统，检验液压元件是否正常工作。 6. 评估与反馈（2学时） ①进行自评、互评； ②撰写拆装调试总结报告	18

续上表

序号	学习模块	对接典型工作任务及职业能力要求	知识、技能、态度要求	教学活动设计	学时
2	加热炉液压系统液压回路装调	01－05 02－01－05 02－01－06 02－02 02－03 07－01 36－02－04 47－01－05 47－01－06 69－05	①掌握液压基本回路的组成、工作原理及应用。 ②能够熟练地阅读液压回路原理图。 ③能够组装液压基本回路并进行调试，具有分析、排除一般液压故障的能力。 ④具有获取新技能的学习能力、解决实际问题的工作能力	1. 接受回路装调任务（2 学时） ①熟知加热炉液压系统的功用； ②掌握液压基本回路的功能； ③分析液压回路的技术要求； ④明确安装安全操作规程。 2. 制订回路装调计划（3 学时） ①制定安装任务明细表； ②编制安装时间安排表； ③编制液压回路安装工艺流程。 3. 回路装准备（1 学时） ①领取计划文书及液压元件； ②准备拆装工具，并会正确使用； ③准备安全用具，并会正确使用； ④制定应急预案。 4. 加热炉液压回路安装（8 学时） ①设计绘制加热炉液压基本回路原理图； ②完成基本回路安装； ③记录安装过程的异常情况。 5. 加热炉液压回路调试（4 学时） ①检验回路安装是否正确； ②调试加热炉液压回路。 6. 评估与反馈（2 学时） ①进行自评、互评； ②撰写拆装调试总结报告	20

续上表

序号	学习模块	对接典型工作任务及职业能力要求	知识、技能、态度要求	教学活动设计	学时
3	加热炉液压系统装调及故障诊断	03-04 07-01-05 07-01-07 07-01-08 07-05-03 07-05-04 10-01-03 12-02-05 14-01-04 14-03 36-02-03 47-04-05	①了解简单的液压系统原理图。 ②能熟练按照液压系统图安装。 ③会调试液压系统。 ④能分析、排除液压系统常见故障。 ⑤有良好的沟通交流能力	1. 接受液压系统装调任务（2学时） ①分析加热炉液压系统的工作原理； ②掌握设备液压系统的工艺过程； ③分析液压系统安装的技术要求； ④明确安装安全操作规程。 2. 制订液压系统装调计划（2学时） ①制定安装任务明细表； ②编制安装时间安排表； ③编制液压系统装配工艺流程。 3. 液压系统装调准备（1学时） ①领取计划文书及液压元件； ②准备拆装工具，并会正确使用； ③准备安全用具，并会正确使用； ④制定应急预案。 4. 加热炉液压系统安装（5学时） ①熟知加热炉液压系统安装结构图； ②完成液压系统安装； ③记录安装过程的异常情况。 5. 加热炉液压系统调试（2学时） ①检验系统安装是否正确； ②调试加热炉液压系统； ③液压系统故障分析、排除。 6. 评估与反馈（2学时） ①进行自评、互评； ②撰写安装调试总结报告	14

续上表

序号	学习模块	对接典型工作任务及职业能力要求	知识、技能、态度要求	教学活动设计	学时
4	机械手气压系统装调及故障诊断	02-01 07-01 11-01-04 14-01-05 14-01-06 14-02-03 14-03 47-01-07 47-04-07 47-05-14 69-01 69-03	①掌握各类气动元件的结构、功用及符号。 ②能够熟练应用气动基本回路。 ③理会简单的气压系统原理图。 ④会装调气压系统。 ⑤会分析排除气压系统常见故障。 ⑥具有革新创新的素养和自主学习的意识，关注行业发展新动态，能结合岗位实际深入钻研，运用先进的工具和方法，开展安全预防工作	1. 接受机械手装调任务（2学时） ①认知气动元件的分类、功用及符号； ②分析机械手气压系统的工作原理； ③理会设备气压系统的工艺过程； ④分析气压系统安装的技术要求； ⑤明确安装安全操作规程。 2. 制订气压系统装调计划（2学时） ①制定安装任务明细表； ②编制安装时间安排表； ③编制气压系统装配工艺流程。 3. 液气压系统装调准备（1学时） ①领取计划文书及气压元件； ②准备拆装工具，并会正确使用； ③准备安全用具，并会正确使用； ④制定应急预案。 4. 气压系统安装（5学时） ①熟知机械手气压系统安装结构图； ②完成气压回路、系统安装； ③记录安装过程的异常情况。 5. 气压系统调试（2学时） ①检验系统安装是否正确； ②调试机械手气压系统； ③系统故障分析、排除。 6. 评估与反馈（2学时） ①进行自评、互评； ②撰写安装调试总结报告	14

续上表

序号	学习模块	对接典型工作任务及职业能力要求	知识、技能、态度要求	教学活动设计	学时
5	生产线液压系统故障诊断与处理	07-05-08 07-05-09 10-01 12-02-05 14-01 14-03-01 14-03-02 14-03-03 14-03-04 14-03-05 36-02-03 36-02-04 47-01-05 69-04 69-05 69-06	①熟知生产线的生产过程。 ②能熟练地阅读分析液压系统工作原理图。 ③能按照动作顺序操控液压系统运行。 ④能分析排除液压系统故障。 ⑤有现场发现问题并解决问题的能力，遵守岗位安全操作规程，具备安全责任意识	1．接受生产线液压系统调试任务（4学时） ①分析液压系统的工作原理及特点； ②理会生产线的工艺流程； ③分析液压系统的技术要求及故障说明书； ④明确安装安全操作规程。 2．制订液压系统调试计划（4学时） ①制定调试任务明细表； ②编制调试时间安排表； ③编制液压系统装调试方案。 3．液压系统调试准备（2学时） ①熟知调试方案文书； ②熟悉设备操作规程并会正确使用； ③准备安全用具，并会正确使用； ④制定应急预案。 4．生产线液压系统调试（8学时） ①调试液压系统； ②液压系统故障分析、排除； ③记录调试过程的异常情况。 5．评估与反馈（4学时） ①进行自评、互评； ②撰写调试总结报告	22

续上表

序号	学习模块	对接典型工作任务及职业能力要求	知识、技能、态度要求	教学活动设计	学时
6	自动化生产线液压控制系统故障分析及处理	03－03 07－05 10－01－03 11－01－04 11－01－05 12－05－08 12－05－09 14－02 14－03 14－03－08 36－02 47－01－06 47－04－14 47－05－12 62－01－07 62－03－07 69－08	①认知自动化生产线上常用的液压控制元件和驱动元件。 ②能熟练阅读生产线液压控制系统的工作原理图。 ③能熟练地装调液压与气动系统。 ④能进行典型自动化设备及生产线系统常见的液压故障排除。 ⑤遵守岗位安全操作规程，具备安全责任意识	1. 接受自动化生产线液压控制系统调试任务（4学时） ①阅读分析液压控制系统的工作原理； ②理会生产线的工艺流程； ③分析液压控制系统的技术要求及故障说明书； ④明确安装安全操作规程。 2. 制订液压控制系统调试计划（4学时） ①制定调试任务明细表； ②编制调试时间安排表； ③编制液压控制系统装调试方案。 3. 液压控制系统调试准备（2学时） ①熟知调试方案； ②熟悉设备操作规程并会正确使用； ③准备安全用具，并会正确使用； ④制定应急预案。 4. 液压控制系统调试（6学时） ①调试液压控制系统； ②液压控制系统故障分析、排除； ③记录调试过程的异常情况。 5. 评估与反馈（4学时） ①进行自评、互评； ②撰写调试总结报告	20
合计					108

注："职业能力"栏目下的课程职业能力编码与本书附录"1. 现代学徒制机电设备维修与管理专业职业能力分析表"的编码对应。

八、资源开发与利用

（一）教材编写与使用

教材编写以任务为导向，按工作过程设计顺序，兼顾现场岗位实际工作条件编写教材，以机械维修等岗位液压系统的典型应用为主线设计教材结构。

围绕课程结构表中的学习模块，对接职业能力分析表中项目、任务、职业能力点，编写“加热炉液压系统液压元件装调”等学习模块。结合学校条件编写“机械手气压系统装调及故障诊断”适合于理实一体化模块；结合合作企业的条件编写“轧钢生产线轧机液压系统故障诊断与处理”等适用于学徒岗位学习的模块。教材由课程专家和企业行业专家共同开发编写。在教材选用方面，优先推荐行业专家编写教材、企业内部编制教材。

（二）数字化资源开发与利用

遵循方便学徒终身学习、开放式和易于学徒和双导师互动的理念，围绕机械维修等岗位液压系统的典型应用为主要内容设计数字化资源，以视频、微课和动画等为主要形式，开发互动平台等。

（三）企业岗位培养资源的开发与利用

根据企业机械维修等岗位已有的液压及气压系统资源，开发“加热炉液压系统”等控制系统，进行理实一体化模拟教学，使学徒能完成液压系统的安装与调试方法，并能进行故障排查；利用企业已有轧钢生产线轧机液压系统，开展在岗培养，引导学徒进行在岗技术创新。

九、教学建议

“加热炉液压系统液压元件装调”“加热炉液压系统液压回路装调”“加热炉液压系统装调及故障诊断”采用“项目导向”的方式，在学校完成理实一体化培养，然后到企业进行在岗培养；“机械手气压系统装调及故障诊断”的教学可利用学校的液压实训室或有气动机械手的实训室在学校完成理实一体化培养；利用企业已有“轧钢生产线轧机液压系统”和“自动化生产线液压控制系统”等系统，采用以师带徒的形式，以“任务驱动”的方式，分组进行现场系统运行调试，完成在岗培养。

根据学徒特殊的学习时间安排，制定液压实验室管理规则和实验操作规则，增大实验室向学徒开放程度，从而提高教学的灵活性和质量。

十、课程实施条件

学校具有“液压气动应用与维护”课程的理实一体化实训场所，实训设备的台套数按照每台 2 人进行配比，能保障学徒完成理实一体化教学。企业要求具有足够工位数、配备有液压系统的先进生产设备或自动生产线，保障学徒实践技能的训练。

学校还可开发可编程控制器网络教学资源，实现资源共享，达到帮助学徒自学乃至终身学习的目的。

十一、教学评价

课程的教学评价主要由学校评价和企业评价构成，见表2-4。学校评价中面试包括考勤、提问和课堂表现等；任务考核包括实验情况、实验报告、作业、网络课程学习情况和测试等。企业评价中面试包括考核面谈、问题分析讨论、汇报等；任务考核包括量化工作、综合测评、能力测试和网络课程学习情况等；业绩考核包括工作量、工作效率、工作质量、技术技能培训和技能竞赛等。

表2-4 液压气动应用技术与维护课程教学评价

学校评价		企业评价	
评价方式	占比	评价方式	占比
笔试	15%	笔试	0%
面试	10%	业绩考核	35%
任务考核	15%	面试	10%
—	—	任务考核	15%
小计	40%	小计	60%
合计	100%		

液压气动应用技术与维护课程内容结构见图2-2。

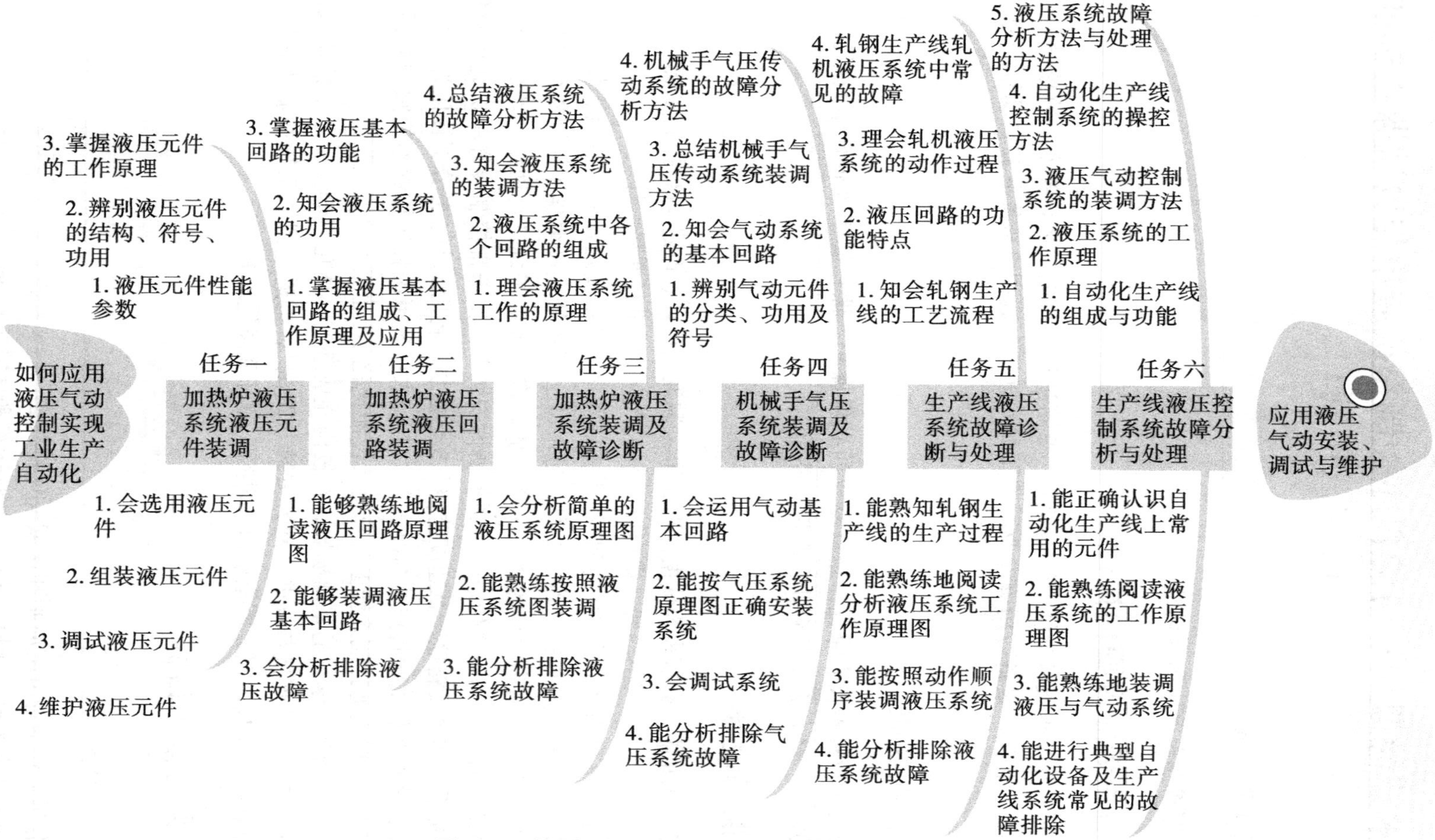

图2-2　液压气动应用技术与维护课程内容结构

撰稿人：广东松山职业技术学院　赖鹏彬
韶关液压件厂有限公司　鲁腊福

专业技术技能课程：可编程序控制系统应用与调试课程标准（二/三年制）

一、课程名称

可编程序控制系统应用与调试。

二、适用专业及面向岗位

本课程适用于机电设备维修与管理专业，又可适用于机电一体化技术、数控设备应用与维护和自动化生产设备应用等专业。面向电气维修、数控机床维修和自动线维修等岗位。

三、课程性质

本课程为专业技术技能课程，是该专业的必修课程。课程属于校企合作完成课程，体现学校的理实一体化教学与企业在岗培养并重。

四、课程设计

以本专业职业能力分析表为依据，形成了“装调、设计、改进 PLC 控制系统”的典型工作任务，构建了课程的内容。课程以工作任务为主线进行课程设计。

本课程典型工作任务可分为“安装和调试自动化生产线传送带 PLC 控制系统”“连接和改进数控设备可编程序控制器”“安装与调试工厂水处理可编程序控制器变频控制系统”“优化飞剪 PLC 控制系统性能”4 个任务。将“安装和调试自动化生产线传送带 PLC 控制系统”任务转化为“传送带控制柜硬件安装”“传送带控制装置单机起停及保护”“传送带系统多台设备联动及速度监控”3 个模块；将后 3 个任务分别转化为“数控设备用可编程序控制器的设计连接与改进”“工厂水处理可编程序控制器变频控制系统安装与调试”“轧线飞剪控制系统参数分析及性能优化”3 个模块。

前 3 个模块为并行学习的基础模块，在校内完成理实一体化培养。后 3 个模块采用循序渐进的方式，从“连接与改进”到“安装与调试”，再递进到“系统性能优化”安排模块学习顺序，在校内完成模拟培训，再到企业开展岗位培养。

五、课程教学目标

（一）认知目标

（1）分析 I/O 地址分配原则和识读 I/O 接线图。

（2）知会基本逻辑、计数、定时、数学运算和功能等指令。

（3）掌握顺序控制、常用组织块、模拟量和网络通信知识。

（4）知会数控机床程序结构、信号类型、基本指令和功能指令知识。

（5）辨析变频器参数、与 PLC 通信及 PID 参数调节知识。

（6）总结高速计数器、组态监控软件、触摸屏、模拟量、PID 控制器、变频器等综合应用知识。

（二）能力目标

（1）能根据工艺要求对 PLC 系统进行硬件组态和硬件接线，并进行检查和测试。

（2）能独立编写 PLC 系统中数字量、模拟量控制程序，并能对程序进行监控、调试、排查故障及 PID 参数设定。

（3）能够完成数控设备用可编程序控制器的设计连接与调试改进。

（4）能够对 PLC 系统中的变频器进行参数设置、触摸屏进行监控组态和 PLC 进行网络组态等。

（5）能完成自动化生产线的设计、安装、调试及维护等工作，并能进行系统参数分析及性能优化。

（三）情感目标

（1）具有精益求精的工匠精神、具备对问题的预判能力，发现问题和解决问题，掌握解决问题的技巧及方法。

（2）关注行业发展新动态、能结合岗位实际深入钻研、运用先进的工具和方法，开展安全预防工作。

（3）具有自主学习的意识、具备革新创新意识和思维，并具有吃苦耐劳不怕脏的精神。

（4）掌握通用的计算机数据处理软件，并选取恰当的工具和方法，准确对数据进行处理，能运用计算分析结果，全面系统地说明工作任务和现状。

（5）遵守岗位安全操作规程，具备安全责任意识。

六、参考学时与学分

参考学时：108 学时。

参考学分：6 学分。

七、课程结构（见表2-5）

表2-5 可编程序控制系统应用与调试课程结构

序号	学习模块	对接典型工作任务及职业能力要求	知识、技能、态度要求	教学活动设计	学时
1	传送带控制柜硬件安装	01-04 01-05-05 03-02-07 03-02-08 07-03-02 48-02 49-01 50-01-06 50-02 61-04-04 62-02 65-01 65-02 65-04-02 65-04-03 65-04-04	①能按照I/O接线图准确地完成控制柜模块配置、总线配置和硬件接线。 ②能按I/O地址分配原则正确地进行硬件组态并下载。 ③能使用变量表测试I/O接线，并进行改/接线。 ④能熟练运用PC改造原则用PLC改造原继电器控制系统。 ⑤有安全意识，并具有持续性自主学习的能力	1．接受安装任务（2学时） ①认识传送带控制柜安装模块； ②明确安装要求； ③知会继电接触器控制系统PC改造知识。 2．制订安装计划（1学时） ①制定安装任务明细表； ②编制安装工艺流程。 3．安装准备（1学时） ①准备安装工具，并会正确使用； ②制定应急预案。 4．传送带控制柜的硬件安装（3学时） 按照I/O接线图准确地完成控制柜模块配置、总线配置和硬件接线。 5．调试（2学时） ①变量表测试I/O接线； ②进行改/接线； ③现场总线故障排除。 6．评估与反馈（1学时） ①进行自评和互评； ②撰写总结报告	10

续上表

序号	学习模块	对接典型工作任务及职业能力要求	知识、技能、态度要求	教学活动设计	学时
2	传送带控制装置单机起停及保护	02－03－03 07－01－06 07－02－05 07－04 07－06－01 07－06－04 11－02－09 16－01－01 65－03	①能根据I/O地址分配图熟练进行I/O接线，并给I/O地址分配符号表。 ②能熟练运用经验设计法编写逻辑程序。 ③会熟练运用计数器和定时器等指令。 ④能初步应用模拟器调试程序和运行程序。 ⑤会编写FC和FB子程序，并能在主程序中调用。 ⑥制定运行方案并进行单机试车。 ⑦有发现问题和解决问题的能力，掌握通用的计算机数据处理软件，并选取恰当的工具和方法，准确对数据进行处理，能运用计算分析结果，全面系统地说明工作任务和现状	1. 接受任务（2学时） ①知会传送带装置电机的起停及保护逻辑要求； ②明确I/O地址分配符号表； ③知会计数器和定时器等指令。 2. 制定工作流程（1学时） ①制定编程方法； ②制定调试方法。 3. 编程准备（2学时） ①安装STEP7软件并会使用STEP7编程； ②会在STEP7中调用子程序； ③会使用模拟器进行程序模拟。 4. 编写程序（3学时） 编写传送带控制程序。 5. 调试（3学时） ①使用仿真器模拟仿真运行； ②修订程序； ③传送带单机试车。 6. 评估与反馈（1学时） ①进行自评和互评； ②撰写总结报告	12

续上表

序号	学习模块	对接典型工作任务及职业能力要求	知识、技能、态度要求	教学活动设计	学时
3	传送带系统多台设备联动及速度监控	02－01 50－01 50－02－01 65－02－07 65－03－03 65－03－04 65－03－05 65－04－01 65－04－05 65－04－07 65－04－08 65－04－11	①能熟练运用数学运算指令和功能指令。 ②能将工艺流程转换为用顺序功能图，并且运用3种方法将顺序控制功能图转换为梯形图。 ③熟练进行模拟量的I/O接线、参数的设置及编程。 ④会根据试车故障现象，排查程序逻辑错误。 ⑤能实现可编程序控制器之间、可编程序控制器和其他智能设备之间通信。 ⑥会协调多台设备的运行，并进行系统联合试车。 ⑦具有自主学习的意识、具备革新创新意识和思维，并具有吃苦耐劳不怕脏的精神，有团队合作意识	1. 接受任务（1学时） 明确传送带系统多台设备联动及速度监控要求。 2. 制定工作流程（1学时） ①制定编程方法； ②制定调试方法。 3. 编程准备（3学时） ①会使用顺序功能图编程，并且运用3种方法将顺序控制功能图转换为梯形图； ②了解数学运算指令和功能指令； ③了解模拟量的I/O接线、参数的设置方法； ④了解可编程序控制器之间、可编程序控制器和其他智能设备之间通信方法。 4. 编写程序（4学时） 编写传送带系统多台设备联动及速度监控程序。 5. 调试（2学时） ①单PLC编程及调试； ②多PLC联网调试； ③协调多台设备的运行，并进行系统联合试车。 6. 评估与反馈（1学时） ①进行自评和互评； ②撰写总结报告	12

续上表

序号	学习模块	对接典型工作任务及职业能力要求	知识、技能、态度要求	教学活动设计	学时
4	数控设备用可编程序控制器的设计连接与改进	01－04 01－01－03 01－05－05 03－02 07－01－06 07－03－06 48 49－01 50－01－06 50－02 65－02－01	①掌握数控机床PLC硬件结构。 ②能够正确的分析数控机床PLC信号传递方向。 ③能熟练读懂数控机床梯形图。 ④掌握数控机床坐标轴伺服驱动控制。 ⑤关注行业发展新动态、能结合岗位实际深入钻研、运用先进的工具和方法，开展安全预防工作，有发现问题和解决问题的能力	1. 接受设计任务（3学时） ①了解数控设备用可编程序控制器控制功能； ②明确数控设备用可编程序控制器设计要求； ③了解数控设备用可编程序控制器改进方法。 2. 制定设计和改进流程（3学时） ①制定设计方法； ②制定系统硬件安装方案； ③制定编程方案； ④制定调试方法； ⑤制定改进措施。 3. 设计准备（6学时） ①掌握数控机床PLC硬件结构； ②分析数控机床PLC信号传递方向； ③读懂数控机床梯形图； ④明确数控机床坐标轴伺服驱动控制。 4. 设计系统（8学时） 完成数控设备用可编程序控制器系统的设计。 5. 连接和改进系统（8学时） ①编写数控机床PLC控制系统程序； ②模拟调试数控机床PLC控制系统； ③在企业安装数控机床PLC硬件； ④现场调试和改进数控机床PLC系统。 6. 评估与反馈（2学时） ①进行自评和互评； ②撰写总结报告	30

续上表

序号	学习模块	对接典型工作任务及职业能力要求	知识、技能、态度要求	教学活动设计	学时
5	工厂水处理可编程序控制器变频控制系统安装与调试	02－03 06－02－09 07－04 07－05 62－01－07 62－03－05 65－01 65－04－06 65－04－10 65－05	①能合理地完成变频器参数的设置。 ②能完成变频器的 PLC 控制程序编写。 ③能够读懂、改进工厂水处理可编程序控制系统程序，调试水处理设备。 ④能按接线图正确地完成可编程序控制器外围的各种开关、传感器、执行机构和负载等设备的连接。 ⑤能准确理解、传达工作任务，具备团队合作意识，并有发现问题和解决问题的能力，能遵守岗位安全操作规程，具备安全责任意识	1．接受任务（3 学时） ①分析工厂水处理可编程序控制器变频控制系统工作要求； ②明确工厂水处理可编程序控制器变频控制系统安装与调试要求。 2．制定工作流程（3 学时） ①制定安装流程； ②制定调试流程。 3．安装调试准备（6 学时） ①理会设置变频器参数方法； ②会编写变频器的 PLC 控制程序； ③读懂工厂水处理可编程序控制系统程序。 4．安装系统（8 学时） ①按接线图正确地完成可编程序控制器外围的各种开关、传感器、执行机构和负载等设备的连接； ②在企业安装水处理可编程序控制器变频控制系统硬件。 5．调试系统（8 学时） ①现场调试工厂水处理可编程序控制器变频控制系统； ②改进工厂水处理可编程序控制系统程序。 6．评估与反馈（2 学时） ①进行自评和互评； ②撰写总结报告	30

续上表

序号	学习模块	对接典型工作任务及职业能力要求	知识、技能、态度要求	教学活动设计	学时
6	轧线飞剪控制系统参数分析及性能优化	07 62－03－06 63－02－04 65－03－06 65－03－07 65－04－08 67－02 68－01－06 68－01－07	①能够读懂、改进轧线飞剪控制系统可编程序控制系统程序。 ②能够依据负载变化完成系统参数分析及性能优化。 ③能够选用连接触摸屏，对触摸屏组态画面进行编辑和修改。 ④具备机电一体化可编程序控制器功能综合调试能力。 ⑤掌握伺服电机控制及调试方法。 ⑥能准确理解、传达工作任务，具备安全责任意识和团队合作意识，并有发现问题和解决问题的能力	1. 接受设计任务（2学时） ①明确轧线飞剪控制系统控制要求； ②明确轧线飞剪控制系统参数设置对系统性能的影响。 2. 制定设计和改进流程（1学时） ①制定设计方法； ②制定调试方法； ③制定优化措施。 3. 系统运行及优化准备（2学时） ①能够依据负载变化完成系统参数分析； ②能够选用连接触摸屏，对触摸屏组态画面进行编辑和修改； ③掌握伺服电机控制及调试方法。 4. 调试系统（4学时） 在企业现场设定轧线飞剪控制系统参数。 5. 优化系统（4学时） ①现场调试轧线飞剪控制系统可编程序控制系统； ②现场优化系统性能。 6. 评估与反馈（1学时） ①进行自评和互评； ②撰写总结报告	14
合计					108

注：“职业能力”栏目下的课程职业能力编码与本书附录“1. 现代学徒制机电设备维修与管理专业职业能力分析表”的编码对应。

八、资源开发与利用

（一）教材编写与使用

教材编写以任务为导向，按工作过程设计顺序，以机械和电气维修、数控机床维修和自动线维修等岗位可编程序控制器的典型应用为主线设计教材结构。

编写“传送带控制柜硬件安装”等三个适用于学校理实一体化教学的模块；编写

“数控设备用可编程序控制器系统”和“工厂水处理可编程序控制器变频控制系统”等适用于学徒岗位学习的模块。教材由课程专家和企业行业专家共同开发编写。

（二）数字化资源开发与利用

遵循方便学徒终身学习、开放式和易于学徒和双导师互动的理念，围绕电气维修等岗位可编程序控制器的典型应用为主要内容设计数字化资源，以视频、微课和动画等为主要形式，包括电子教案、教学课件、习题库和互动平台等。

（三）企业岗位培养资源的开发与利用

根据企业已有的可编程序控制器资源，开发“传送带控制柜硬件安装”等控制系统，进行理实一体化教学，使学徒能解决生产实际中遇到的硬件配置、程序编制、安装调试、故障查找及排除等方面的问题，形成解决生产实际问题的能力；利用企业已有数控设备、工厂水处理和轧线飞剪等系统，开展在岗培养，引导学徒进行在岗技术创新。

九、教学建议

“传送带控制柜硬件安装”“传送带控制装置单机起停及保护”“传送带系统多台设备联动及速度监控”采用“项目导向”的方式，在学校完成理实一体化教学；利用企业已有“数控设备用可编程序控制器系统”“工厂水处理可编程序控制器变频控制系统”“轧线飞剪控制系统”等系统，让学徒在校完成系统模拟运行的学习之后以“师带徒”的形式，采用“任务驱动”的方式，分组进行现场系统运行调试，完成在岗培养。

充分考虑学徒倒班、业余时间学习、学习基础参差不齐、实际工作经验不同等特点，合理设置教学目的，根据教学情况调整教学进度、教学方法，保证教学质量。

十、课程实施条件

学校有西门子、三菱等 PLC 理实一体化实训场所，实训设备的台套数按照每台 1 ~ 2 人进行配比，能保障学徒完成可编程序控制器基本工作过程训练。企业具有足够工位数、配备有 PLC 控制系统的先进生产设备或自动生产线，保障学徒实践技能的训练。

学校还可开发可编程序控制器网络教学资源，实现资源共享和学徒自学及终身学习的目标。

十一、教学评价

课程的教学评价主要由学校评价、企业评价和第三方评价构成，见表 2 - 6。其中，如学徒取得可编程序控制系统设计师高级工以上专业技能证书，可以证代考。学校评价中面试包括提问和课堂表现等；任务考核包括实验、作业、网络课程学习情况和测试等。企业评价中面试包括考核面谈、问题分析讨论等；任务考核包括量化工作、综合测评、能力测试和网络课程学习情况等；业绩考核包括工作量、工作效率、工作质量、技术技能培训和技能竞赛等。

表 2－6　可编程序控制系统应用与调试课程教学评价

学校评价		企业评价		第三方评价	
评价方式	占比	评价方式	占比	评价方式	占比
笔试	20%	笔试	0%	技能鉴定	100%
面试	10%	面试	20%		
任务考核	20%	任务考核	10%		
—	—	业绩考核	20%		
小计	50%	小计	50%		
合计	100%			合计	100%

可编程序控制系统应用与调试课程内容结构详见图 2－3。

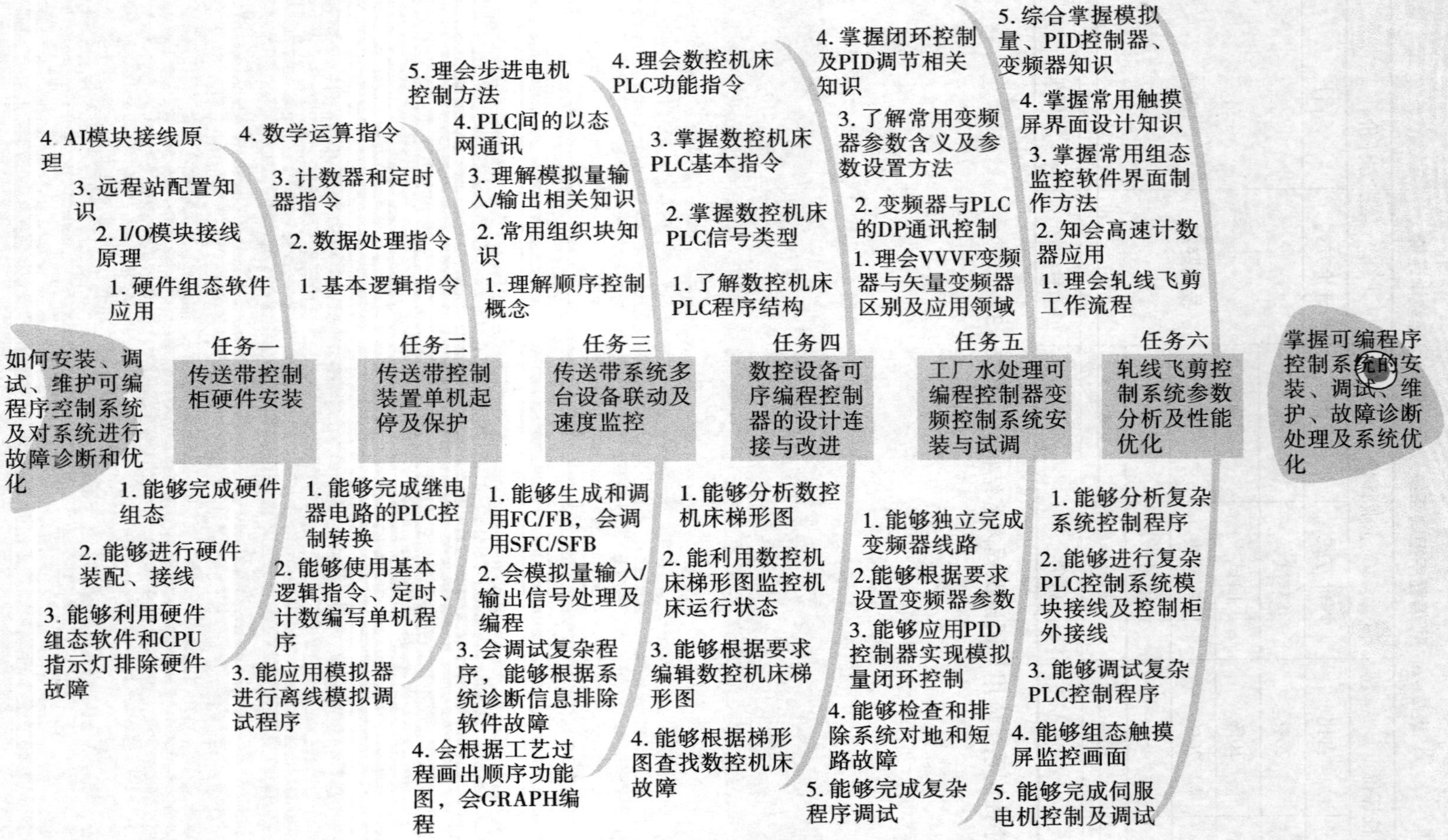

图 2-3　可编程序控制系统应用与调试课程内容结构

撰稿人：广东松山职业技术学院　杨秀文
宝钢集团广东韶关钢铁有限公司　刘德钦

专业技术技能课程：测量设备应用与维护课程标准（三年制）

一、课程名称

测量设备应用与维护。

二、适用专业及面向岗位

本课程既适用于机电设备维修与管理专业，又可适用于数控设备应用与维护、自动化生产设备应用等专业，面向机械加工、装调，机械制造，质量检测，机械维修等岗位。

三、课程性质

本课程为专业技术技能课程，主要以学校的理论教学与技能实训，企业在岗培养并重进行教学。本课程具有实用性强、应用范围广的特点，是专业必修课程。

四、课程设计

以常见机械零部件、常见电气元件为载体、以工作任务为主线、以实用、适用为原则、以本专业职业能力分析表为依据来构建课程的内容，将技能训练融入实际工作，并以此思路进行课程设计。

本课程典型工作任务可分解为“机械精度测量”“电气系统测量”和“测量设备的保养”3个任务。其中将“机械精度测量”任务转化为“齿轮减速机精度测量”和“AGC精轧机精度测量”2个学习模块；将“电气系统测量”任务转化为“三相感应电机测量”和“低压供配电系统测量”2个学习模块；将“测量设备的保养”转化为“测量设备保养与校验”1个模块。

此5个学习模块覆盖了从机械设备到电气设备、再到机电设备系统的知识，遵循了循序渐进、先易后难的学习原则。教学期间先在校内完成理论讲授和模拟实训，再到企业进行在岗实践。

五、课程教学目标

（一）认知目标

（1）了解常见测量设备的结构、原理及其测量精度。
（2）分析常见测量设备的适用范围及其使用方法。
（3）区分常见测量设备的校验方法。

（4）总结常见测量设备的保存、保养方法。
（5）分析测量自动化及其发展动向。

（二）能力目标

（1）能检测光轴、阶梯轴、齿轮轴等常见零件的尺寸、形状、位置精度及其粗糙度。
（2）能检测齿轮减速机箱体的尺寸、形状、位置精度。
（3）能按图纸要求齿轮减速机、机床导轨、电机等设备安装后的精度进行检测。
（4）能使用万用表、兆欧表对电气设备的电阻、绝缘进行检测。
（5）能设计简单的检具来提高检测效率。

（三）情感目标

（1）参与实践生产活动，培养严谨求实的职业精神和职业行为习惯。
（2）遵守岗位安全操作规程，有良好的安全与环境保护意识。
（3）服从岗位安排，培养吃苦耐劳、谦虚好学的作风，具有团队协作精神和创新精神。

六、参考学时与学分

参考学时：72 学时。
参考学分：4 学分。

七、课程结构（见表2-7）

表2-7　测量设备应用与维护课程结构

序号	学习模块	对接典型工作任务及职业能力要求	知识、技能、态度要求	教学活动设计	学时
1	齿轮减速机精度测量	03-01-07 03-03-05 03-04-09 05-02-02 06-03-02 07-02-02 11-03-02 16-02-01	①了解齿轮减速机的结构及其作用。 ②能分析双轴承支撑轴结构的精度要求，选择其检测方法。 ③能分析齿轮轴和齿轮装配的要求，选择其检测方法。 ④能分析双轴承支撑箱体的精度要求，选择其检测方法。 ⑤理会减速机整机安装测量方法	1. 接受任务（1学时） ①分析齿轮减速机的结构； ②分析双轴承支撑轴结构的精度要求； ③分析齿轮轴和齿轮装配的要求； ④分析双轴承支撑箱体的精度要求。 2. 制订精度检测计划（4学时） ①编制双轴承支撑轴结构精度检测任务明细表； ②编制齿轮轴和齿轮装配精度检测任务明细表； ③编制双轴承支撑箱体结构精度检测任务明细表； ④编制轴类、箱体类零件的位置精度的测量任务明细表； ⑤选择齿轮装配后的啮合精度测量任务明细表。 3. 量具准备（1学时） 游标卡尺、千分尺、百分表等常用量具的原理及其合理选择与使用。 4. 测量方法（4学时） ①选择尺寸精度的测量方法； ②选择轴类零件、箱体类零件的形状精度的测量方法； ③选择轴类、箱体类零件的位置精度的测量方法； ④选择齿轮装配后的啮合精度测量方法。 5. 齿轮减速机整机安装测量（3学时） 电机、减速机安装的对中方法。 6. 评估与反馈（2学时） ①进行自评、互评； ②撰写总结报告	15

续上表

序号	学习模块	对接典型工作任务及职业能力要求	知识、技能、态度要求	教学活动设计	学时
2	AGC精轧机精度测量	03-01-07 03-03-05 03-04-09 05-02-02 06-03-02 07-02-02 11-03-02 16-02-01	①理会AGC精轧机的结构、作用及对板材的质量影响。 ②能分析AGC液压缸活塞的精度要求，选择其测量方法。 ③能分析轧辊的精度要求，选择其测量方法。 ④能分析AGC液压缸缸筒的精度要求，选择其测量方法。 ⑤理会AGC精轧机的整机安装测量方法	1. 接受任务（1学时） ①分析测量基准的体现及位置精度测量； ②分析AGC液压缸活塞的精度要求； ③分析轧辊的精度要求； ④分析AGC液压缸缸筒的精度要求。 2. 制订精度检测计划（4学时） ①编制AGC液压缸活塞的精度检测任务明细表； ②编制轧辊的精度检测任务明细表； ③编制AGC液压缸缸筒的精度检测任务明细表。 3. 量具准备（2学时） ①水平仪、经纬仪等测量仪器的原理及其合理选择与使用； ②掌握表面硬度计、大型内径千分尺的使用方法； ③激光对中仪在大型设备对中时的应用。 4. 测量方法（4学时） ①选择AGC液压缸活塞的测量方法； ②选择轧辊的精度测量方法； ③选择AGC液压缸缸筒的精度测量方法。 5. AGC精轧机整机安装测量（2学时） 分析用经纬仪测量AGC精轧机等大型设备中线对其调整方案。 6. 评估与反馈（2学时） ①进行自评、互评； ②撰写总结报告	15

续上表

序号	学习模块	对接典型工作任务及职业能力要求	知识、技能、态度要求	教学活动设计	学时
3	三相感应电机测量	01－04－02 02－01－01 07－01－02 08－01－09 10－01－02 11－03－02 12－05－02 16－02－01 48－04－06 59－02－03 61－04－07 69－04	①知会三相感应电机常用测量仪表、出厂综合测试台及测量原理。 ②掌握三相感应电机常用测量仪表、出厂综合测试台的实际应用技能。 ③掌握三相感应电机常用测量仪表、出厂综合测试台的维护保养要领及检定技能。 ④具备吃苦耐劳，认真钻研的精神	1. 接受任务（1学时） ①分析三相感应电机常用测量仪表工作原理及测量原理； ②分析三相感应电机出厂综合测试台及测量原理。 2. 制订计划（2学时） ①编制三相感应电机常用测量仪表的实际应用技能表； ②编制三相感应电机出厂综合测试台的实际应用技能表。 3. 测量准备（2学时） ①三相感应电机常用测量仪表的维护保养规程； ②三相感应电机出厂综合测试台维护保养规程。 4. 实施方法（2学时） ①掌握三相感应电机常用测量仪表的检定技能； ②掌握三相感应电机出厂综合测试台的检定技能。 5. 三相感应电机测量（6学时） ①参数测定试验； ②三相感应电机缺相检测。 6. 评估与反馈（2学时） ①进行自评、互评； ②撰写总结报告	15

续上表

序号	学习模块	对接典型工作任务及职业能力要求	知识、技能、态度要求	教学活动设计	学时
4	低压供配电系统测量	01－04－02 02－01－01 04－01－04 05－01 12－05－02 14－01－02 16－02－01 48－04－06 59－02－03 61－04－07 62－01 69－04	①理会低压供配电系统及常用测量仪表、低压供配电系统综合仿真平台的结构及测量原理。 ②知会低压供配电系统常用测量仪表、低压供配电系统综合仿真平台的实际应用技能。 ③掌握低压供配电系统常用测量仪表、低压供配电系统综合仿真平台的维护保养要领及检定技能。 ④具备吃苦耐劳，认真钻研的精神	1. 接受任务（1学时） ①分析低压供配电系统及常用测量仪表的结构； ②分析低压供配电系统综合仿真平台的结构； ③分析齿轮轴和齿轮装配的要求； ④分析双轴承支撑箱体的精度要求。 2. 制订计划（2学时） ①编制低压供配电系统常用测量仪表的实际应用技能表； ②低压供配电系统综合仿真平台的实际应用技能表。 3. 测量准备（2学时） ①低压供配电系统常用测量仪表的维护保养规程； ②低压供配电系统综合仿真平台的维护保养规程。 4. 实施方法（2学时） ①掌握低压供配电系统常用测量仪表的检定技能； ②掌握低压供配电系统综合仿真平台的检定技能。 5. 低压供配电系统测量（6学时） ①各类变压器、电抗器、互感器等检测； ②断路器、隔离开关、避雷器、母线检测。 6. 评估与反馈（2学时） ①进行自评、互评； ②撰写总结报告	15

续上表

序号	学习模块	对接典型工作任务及职业能力要求	知识、技能、态度要求	教学活动设计	学时
5	测量设备保养与校验	03－03－01 03－04－05 18－04 18－05 21－02－01 21－02－02 22－02 33－02－08 34－01－03 46 49－03－02 51 59－04－02 59－05－02 69－10－09	①查阅测量设备使用手册。 ②理会编制测量设备保养作业标准的要求、程序。 ③依照设备保养要求，设计测量设备保养表格。 ④能制定测量设备的操作规程和校验标准。 ⑤严格执行测量设备校验标准的步骤和程序。 ⑥理会测量设备校验方法。 ⑦能结合岗位实际，有自主学习的意识，有钻研精神	1．接受任务（1学时） ①测量设备的结构、功能、运行原理及保养等情况； ②收集各类测量设备的技术资料，查阅测量设备使用手册。 2．制订计划（2学时） 编制测量设备保养作业标准的要求、程序。 3．保养与校验准备（2学时） ①依照设备保养要求，设计测量设备保养表格； ②确定影响设备保养周期的因素； ③制定测量设备的操作规程和校验标准； ④编制测量设备的日常保养与保养标准作业指导书； ⑤制定测量设备操作规程、校验标准。 4．实施方法（2学时） ①严格执行测量设备校验标准的步骤和程序； ②理会测量设备校验方法。 5．测量设备保养与校验（3学时） ①进行测量设备保养； ②进行测量设备校验。 6．评估与反馈（2学时） ①进行自评、互评； ②撰写总结报告	12
合计					72

注：“职业能力”栏目下的课程职业能力编码与本书附录“1．现代学徒制机电设备维修与管理专业职业能力分析表”的编码对应。

八、资源开发与利用

（一）教材编写与使用

教材编写应紧紧围绕课程设计思路，坚持以学徒的终身发展为本，以岗位任务为导向，按工作过程进行设计。教材编写应遵循特色原则，着力体现现代学徒制特色、行业和学科特色；遵循实用原则，注重理论和实践相结合，突出适用、实用和应用的特点；遵循校企合作原则，教材由课程专家和企业、行业专家共同开发编写，形成以岗位技能为中心、以现场问题为导向、以解决问题为目标的工学结合的教材。学习模块可根据教学需要进行增减。在教材选用方面，优先推荐行业专家编写教材、企业内部编制教材。

（二）数字化资源开发与利用

围绕本课程典型工作任务为主要内容设计数字化资源，以视频、微课、演示文稿、文档和动画等为主要形式，包括电子教案、教学课件、自学指导手册、实训指导书、试题库和互动平台等。

利用校内实验实训等现有设备条件，建立校内设备检测实训平台。联合企业内部网络培训课程，建设课程教学资源库、精品在线开放课程，实现校企共享。

（三）企业岗位培养资源的开发与利用

根据企业内部开展的职业培训资源、企业导师丰富的技术经验以及企业编制的专业教材等已有资源，提炼更具有代表性的实际案例，开发具有普适性的学习模块。

九、教学建议

教学形式可采用项目教学、任务教学、现场教学等多种教学方法相结合。对于检测设备工作原理、使用与维护等理论性较强的基本知识和概念，在学校进行系统性集中讲授，再利用校内的实训基地进行任务模拟训练，教学时间 36 学时；对于实践性强的学习模块，利用企业现有的设备资源条件，在企业进行现场教学，教学时间 36 学时。

充分考虑学徒倒班、业余时间学习等实际情况，利用校企的课程网络平台，引导学生自主学习，网络教学时间不得超过 54 学时；考虑学徒参差不齐的学习基础、学徒实际工作经验不同等特点，根据教学需要，合理分配学校与企业教学学时，灵活调整教学进度，保证教学质量。

十、课程实施条件

学校有实训、实验室或实习工厂等理实一体化实训场所，实训设备的台套数按照每台 1 ~ 2 人进行配比，能保障学徒完成设备点检基本工作过程训练。企业有足够工位数，有先进生产设备或生产线等，保障学徒专业实践和技能训练。

十一、教学评价

课程的教学评价主要由学校评价和企业评价构成，见表2－8。学校评价中面试包括考勤、提问和课堂表现等；任务考核包括实验情况、实验报告、作业、网络课程学习情况和测试等。企业评价中面试包括考核面谈、问题分析讨论、汇报等；任务考核包括量化工作、综合测评、能力测试和网络课程学习情况等；业绩考核包括工作量、工作效率、工作质量、技术技能培训和技能竞赛等。

表2－8　测量设备应用与维护课程教学评价

学校评价		企业评价	
评价方式	占比	评价方式	占比
笔试	40%	业绩考核	30%
面试	5%	面试	10%
任务考核	5%	任务考核	10%
小计	50%	小计	50%
合计	100%		

测量设备应用与维护课程内容结构见图2－4。

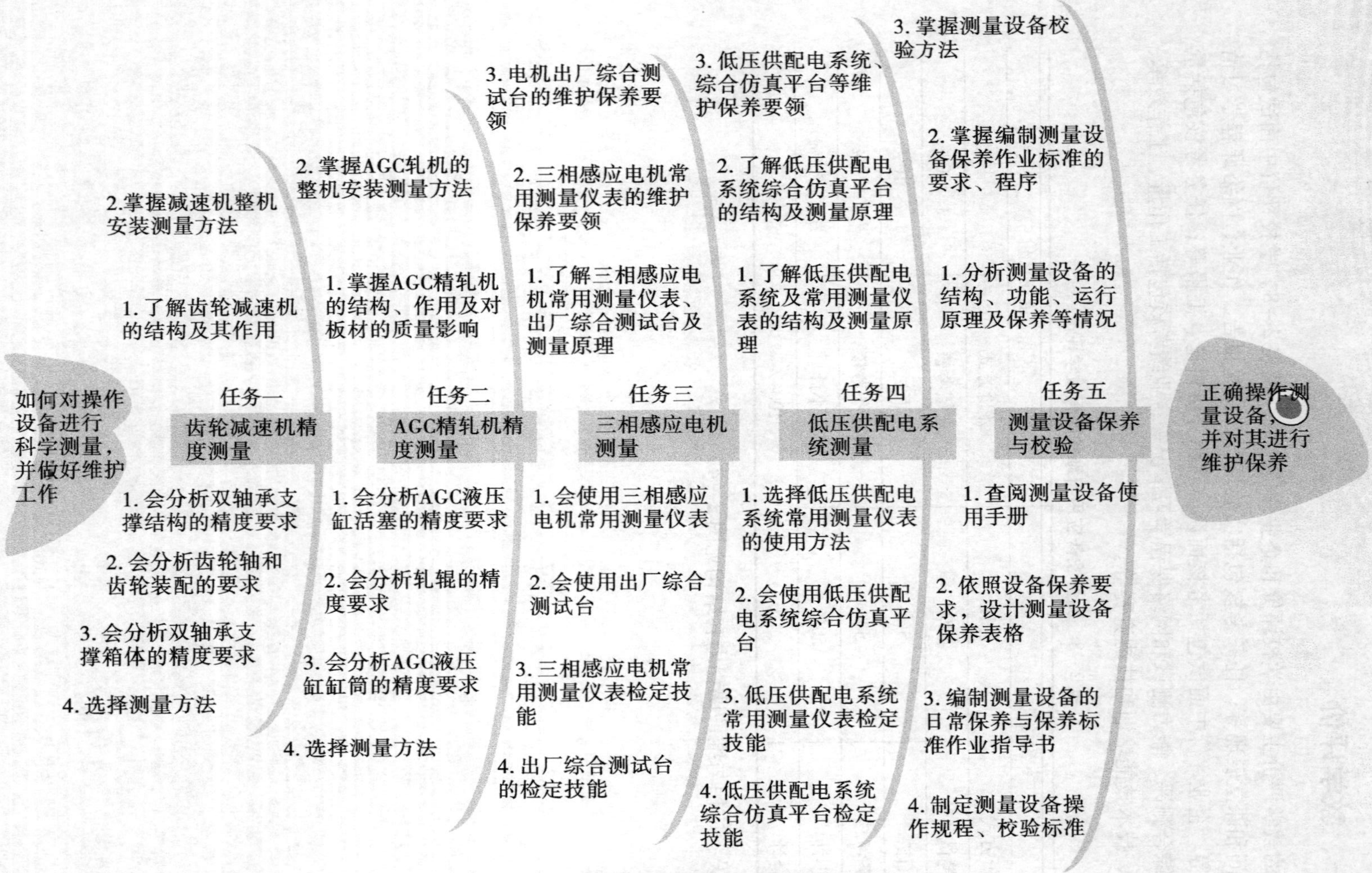

图 2-4　测量设备应用与维护课程内容结构

撰稿人：宝钢集团广东韶关钢铁有限公司　杨成海
广东松山职业技术学院　林燕虹
乐昌市中建材水泥有限公司　李建国

专业技术技能课程：自动化检测系统装调与维修课程标准（三年制）

一、课程名称

自动化检测系统装调与维修。

二、适用专业及面向岗位

本课程适用于机电设备维修与管理专业，又可适用于机电一体化技术、数控设备应用与维护和自动化生产设备应用等专业，面向电气维修、数控机床维修和自动线维修等岗位。

三、课程性质

本课程为专业技术技能课程，是本专业的必修课程。课程属于校企合作完成课程，以企业在岗培养为主，学校的理实一体化教学为辅。

四、课程设计

以本专业职业能力分析表为依据，形成了“分析、构建、维护自动化检测系统”的典型工作任务，构建了课程的内容，本课程以工作任务为主线进行课程设计。

本课程典型工作任务可分为“构建和应用常用传感器检测系统”、“分析气烧石灰窑自动化检测控制系统”“分析水处理系统自动化检测控制系统”3 个任务。其中，将“构建和应用常用传感器检测系统”任务转化为“温度检测系统构建及应用”“压力检测系统构建及应用”“流量检测系统构建及应用”“物位检测系统构建及应用”4 个模块；将后 2 个任务分别转化为“气烧石灰窑自动化检测控制系统分析”和“水处理系统自动化检测控制系统分析”2 个模块。

前 4 个模块为并行学习的基础模块，在校内完成理实一体化培养，最后 2 个模块在企业开展岗位培养。对检测系统的学习从“构建及应用”到“装调”，再递进到“维修”安排学习顺序。

五、课程教学目标

（一）认知目标

（1）了解常用温度、压力、流量和物位传感器的符号代码，读懂自动化检测原理图与施工图。

（2）分析常用温度、压力、流量和物位传感器的特性。

（3）选择常用温度、压力、流量和物位传感器的校验方法。
（4）总结常用温度、压力、流量和物位传感器的安装调试方法。
（5）分析气烧石灰窑和水处理系统的工艺过程和对检测的要求。

（二）能力目标

（1）能独立完成自动化检测设备维护和维修前期准备工作，做好相应安全措施。
（2）掌握常用检测控制系统基本参数的设定方法、现场校验和故障判断。
（3）能根据自动化仪表安装规范，完成自动化检测技术专业设备的安装。
（4）掌握根据仪表显示现象判断故障的方法，能合理选择检测设备的安装位置。
（5）能配合其他专业及按工艺过程要求，安排检修更换检测设备。
（6）能执行检测控制系统单体调试、联合调试和运行维护等工作。

（三）情感目标

（1）具有安全生产意识，团队合作精神。
（2）具有自主学习本专业新知识新技术，从自身岗位出发，发现问题解决问题的能力。
（3）具有认真学习，严谨工作的态度，严格要求自己。
（4）遵守岗位安全操作规程，具备安全责任意识。

六、参考学时与学分

参考学时：90 学时。
参考学分：5 学分。

七、课程结构（见表2－9）

表2－9　自动化检测系统装调与维修课程结构

序号	学习任务（单元、模块）	对接典型工作任务及职业能力要求	知识、技能、态度要求	教学活动设计	学时
1	温度检测系统构建及应用	01－01－01 01－01－02 01－04－02 01－04－05 02－03－02 03－01－05 03－02－08 05－02－02 07－05－02 12－05－02 16－03 19－02 44－01－02 62－03－13 65－01	①了解热电阻、热电偶和光学温度计的特性及适用范围。 ②能根据工艺要求和安装环境进行温度传感器选型。 ③能根据方案进行温度传感器的安装和接线。 ④会调试温度检测系统。 ⑤会排除温度测量系统故障。 ⑥具有安全生产意识，团队合作精神，具有认真学习，严谨工作的态度，严格要求自己	1. 接受温度检测系统任务（1学时） ①明确温度测量范围； ②明确被测介质及其特性； ③根据工艺要求选定传感器类型。 2. 制订温度检测系统计划（1学时） ①制定检测系统流程图，接线图； ②制定检测系统设备明细表； ③制订检测系统安装计划。 3. 温度检测系统准备（1学时） ①准备安装工具，并掌握正确使用方法； ②准备标准仪器，并掌握正确使用方法； ③制定相应的应急预案。 4. 构建温度检测系统（3学时） ①完成传感器，配电器，显示设备的安装； ②完成标准仪器的安装； ③完成检测系统信号线及电源线路的安装； ④记录安装过程中出现的异常情况。 5. 温度检测系统调试（2学时） ①检验温度检测系统是否正常工作； ②根据显示情况与回路电流调试整个测量系统。 6. 评估与反馈（2学时） ①进行自评和互评； ②撰写安装调试总结报告	10

续上表

序号	学习任务（单元、模块）	对接典型工作任务及职业能力要求	知识、技能、态度要求	教学活动设计	学时
2	压力检测系统构建及应用	01－04－02 01－04－05 02－03－02 03－01－05 03－02－08 05－02－02 07－05－02 16－03 19－02 31－04－04 31－04－05 44－01－02 48－04—06 62－03－13 65－01	①了解压力、差压和绝对压力等压力测量传感器的特性、适用范围及适用场合。 ②能根据工艺要求和安装环境进行压力传感器选型。 ③能根据压力的取出方法选择管路组成，及进行阀门设置。 ④会调试压力检测系统。 ⑤会排除压力测量系统故障。 ⑥具有安全生产意识，团队合作精神，具有认真学习，严谨工作的态度，严格要求自己	1. 接受压力检测系统任务（1学时） ①明确压力测量范围； ②明确被测介质及其特性； ③根据工艺要求选定传感器类型。 2. 制订压力检测系统计划（1学时） ①制定检测系统流程图，接线图； ②制定检测系统设备明细表； ③制订检测系统安装计划。 3. 压力检测系统准备（1学时） ①准备安装工具，并掌握正确使用方法； ②准备标准仪器，并掌握正确使用方法； ③制定相应的应急预案。 4. 构建压力检测系统（3学时） ①完成传感器，配电器，显示设备的安装； ②完成标准仪器的安装； ③完成检测系统信号线及电源线路的安装； ④记录安装过程中出现的异常情况。 5. 压力检测系统调试（2学时） ①检验压力检测系统是否正常工作； ②根据显示情况与回路电流调试整个测量系统。 6. 评估与反馈（2学时） ①进行自评和互评； ②撰写安装调试总结报告	10

续上表

序号	学习任务（单元、模块）	对接典型工作任务及职业能力要求	知识、技能、态度要求	教学活动设计	学时
3	流量检测系统构建及应用	01-04-02 01-04-05 02-03-02 03-01-05 03-02-08 05-02-02 07-05-02 16-03 19-02 44-01-02 62-01-01 62-03-13 65-01	①了解电磁流量计、超声波流量计和热式流量计等流量测量传感器的特性、适用范围及适用场合。 ②能根据工艺要求和安装环境进行流量传感器选型。 ③能根据安装位置选择流量计，会选择取压管路及进行阀门设置。 ④会调试流量检测系统。 ⑤会排除流量测量系统故障。 ⑥具有安全生产意识，团队合作精神，具有认真学习，严谨工作的态度，严格要求自己	1. 接受流量检测系统任务（2学时） ①明确流量测量范围； ②明确被测介质及其特性； ③根据工艺要求选定传感器类型。 2. 制订流量检测系统计划（2学时） ①制定检测系统流程图，接线图； ②制定检测系统设备明细表； ③制订检测系统安装计划。 3. 流量检测系统准备（2学时） ①准备安装工具，并掌握正确使用方法； ②准备标准仪器，并掌握正确使用方法； ③制定相应的应急预案。 4. 构建流量检测系统（4学时） ①完成传感器，配电器，显示设备的安装； ②完成标准仪器的安装； ③完成检测系统信号线及电源线路的安装； ④记录安装过程中出现的异常情况。 5. 流量检测系统调试（3学时） ①检验流量检测系统是否正常工作； ②根据显示情况与回路电流调试整个测量系统。 6. 评估与反馈（2学时） ①进行自评和互评； ②撰写安装调试总结报告	15

续上表

序号	学习任务（单元、模块）	对接典型工作任务及职业能力要求	知识、技能、态度要求	教学活动设计	学时
4	物位检测系统构建及应用	01-04-02 01-04-05 02-03-02 03-01-05 03-02-08 05-02-02 07-05-02 16-03 19-02 44-01-02 62-03-13 65-01	①了解超声波、激光、雷达、射频导纳和电容式等物位测量传感器的特性、适用范围及适用场合。 ②能根据工艺要求和现场安装环境进行物位传感器选型。 ③会调试系统物位传感器，并提高物位测量抗干扰能力。 ④会排除物位测量系统故障。 ⑤具有安全生产意识，团队合作精神，具有认真学习，严谨工作的态度，严格要求自己	1. 接受物位检测系统任务（2学时） ①明确物位测量范围； ②明确被测介质及其特性； ③根据工艺要求选定传感器类型。 2. 制订物位检测系统计划（2学时） ①制定检测系统流程图，接线图； ②制定检测系统设备明细表； ③制订检测系统安装计划。 3. 物位检测系统准备（2学时） ①准备安装工具，并掌握正确使用方法； ②准备标准仪器，并掌握正确使用方法； ③制定相应的应急预案。 4. 构建物位检测系统（4学时） ①完成传感器，配电器，显示设备的安装； ②完成标准仪器的安装； ③完成检测系统信号线及电源线路的安装； ④记录安装过程中出现的异常情况。 5. 物位检测系统调试（3学时） ①检验物位检测系统是否正常工作； ②根据显示情况与回路电流调试整个测量系统。 6. 评估与反馈（2学时） ①进行自评和互评； ②撰写安装调试总结报告	15

续上表

序号	学习任务（单元、模块）	对接典型工作任务及职业能力要求	知识、技能、态度要求	教学活动设计	学时
5	气烧石灰窑自动化检测控制系统分析	01－04－02 01－04－05 02－03－02 03－01－05 03－02－08 05－02－02 07－05－02 16－03 19－02 28－02－05 28－02－06 44－01－02 45－01－01 45－01－02 62－03－13 65－01 69－04	①了解气烧石灰窑的工艺过程。 ②能根据工艺要求和安装环境进行传感器选型，组成测量系统。 ③会安装和调试气烧石灰窑系统检测装置。 ④会调整传感器检测性能。 ⑤能排除检测系统故障。 ⑥具有自主学习本专业新知识新技术，从自身岗位出发，发现问题解决问题的能力，遵守岗位安全操作规程，具备安全责任意识	1. 接受气烧石灰窑自动化检测控制系统分析任务（2学时） ①理会气烧石灰窑工艺过程； ②分析气烧石灰窑基本结构； ③明确气烧石灰窑控制过程要求； ④明确安装过程安全规范要求。 2. 制订气烧石灰窑自动化检测控制系统分析计划（4学时） ①制定检测控制系统流程图、接线图； ②制定检测系统设备明细表； ③制订检测控制系统安装计划。 3. 检测控制系统分析准备（2学时） ①准备安装工具，并掌握正确使用方法； ②准备标准仪器，并掌握正确使用方法； ③制定相应的应急预案。 4. 构建气烧石灰窑自动化检测控制系统分析系统（6学时） ①完成传感器，配电器，显示及控制设备的安装； ②完成标准仪器的安装； ③完成检测系统信号线及电源线路的安装； ④记录安装过程中出现的异常情况。 5. 气烧石灰窑自动化检测控制系统分析调试（4学时） ①检验气烧石灰窑自动化检测控制系统是否正常工作； ②根据显示情况与回路电流调试整个测量系统。 6. 评估与反馈（2学时） ①进行自评和互评； ②撰写安装调试总结报告	20

续上表

序号	学习任务（单元、模块）	对接典型工作任务及职业能力要求	知识、技能、态度要求	教学活动设计	学时
6	水处理系统自动化检测控制系统分析	01－04－02 01－04－05 02－03－02 03－01－05 03－02－08 05－02－02 07－05－02 16－03 19－02 23－04－03 24－01 42－01 42－02 44－01－02 62－03－13 65－01 69－05 69－06	①了解水处理系统的工艺过程。 ②能根据工艺要求和安装环境进行传感器选型。 ③会安装和调试水处理系统检测装置。 ④会调整传感器检测性能。 ⑤能排除检测系统故障。 ⑥具有自主学习本专业新知识新技术，从自身岗位出发，发现问题解决问题的能力，遵守岗位安全操作规程，具备安全责任意识	1. 接受水处理系统自动化检测控制系统分析任务（2学时） ①理会水处理工艺过程； ②分析水处理基本结构； ③明确水处理控制过程要求； ④明确安装过程安全规范要求。 2. 制订水处理系统自动化检测控制系统分析计划（4学时） ①制定检测控制系统流程图、接线图； ②制定检测系统设备明细表； ③制订检测控制系统安装计划。 3. 检测控制系统分析准备（2学时） ①准备安装工具，并掌握正确使用方法； ②准备标准仪器，并掌握正确使用方法； ③制定相应的应急预案。 4. 构建水处理自动化检测控制系统分析（6学时） ①完成传感器，配电器，显示及控制设备的安装； ②完成标准仪器的安装； ③完成检测系统信号线及电源线路的安装； ④记录安装过程中出现的异常情况。 5. 水处理自动化检测控制系统调试（4学时） ①检验水处理自动化检测控制系统是否正常工作； ②根据显示情况与回路电流调试整个测量系统。 6. 评估与反馈（2学时） ①进行自评和互评； ②撰写安装调试总结报告	20
合计					90

注：“职业能力”栏目下的课程职业能力编码与本书附录“1. 现代学徒制机电设备维修与管理专业职业能力分析表”的编码对应。

八、资源开发与利用

（一）教材编写与使用

教材编写以任务为导向，按工作过程设计顺序，以机械和电气维修、数控机床维修、自动线维修等岗位自动化检测系统的典型应用为主线设计教材结构。

课程专家和企业行业专家共同开发编写，以常用温度、压力、流量、物位等检测装置搭建的自动检测系统“温度检测系统构建及应用”等6个教学任务设计教学过程，主要体现自动化检测系统的应用、安装、调试和维护等内容。

（二）数字化资源开发与利用

遵循方便学徒终身学习、开放式和易于学徒和双导师互动的理念，围绕用电气维修、数控机床维修、自动线维修等岗位自动化检测系统的典型应用为主要内容设计数字化资源，以视频、微课和动画等为主要形式，包括电子教案、教学课件、习题库、案例库和互动平台等。

（三）企业岗位培养资源的开发与利用

依据学徒所在企业电气维修、数控机床维修和自动线维修等岗位已有的自动化检测系统资源，开发“温度检测系统构建及应用”等教学资源，使学徒能解决生产实际中遇到的自动化检测系统安装、调试和维护等方面的问题，形成解决生产实际问题的能力；利用企业已有气烧石灰窑自动化检测控制系统和水处理系统自动化检测控制系统，开展在岗培养，引导学徒进行在岗技术创新。

九、教学建议

“温度检测系统构建及应用”“压力检测系统构建及应用”“流量检测系统构建及应用”“物位检测系统构建及应用”采用“项目导向”的方式，在学校完成理实一体化培养；利用企业已有气烧石灰窑自动化检测控制系统和水处理系统自动化检测控制系统，以师带徒的形式，采用“任务驱动”的方式，分组进行现场系统运行调试，完成“气烧石灰窑自动化检测控制系统分析”和“水处理系统自动化检测控制系统分析”的在岗培养。

充分考虑学徒倒班、业余时间学习、学习基础参差不齐、实际工作经验不丰富等特点，合理设置教学目的，根据教学情况调整教学进度、教学方法，保证教学质量。

十、课程实施条件

学校有自动化检测系统理实一体化实训场所，实训设备的台套数按照每台1～2人进行配比，能保障学徒完成自动化检测系统的安装和调试基本工作过程训练。企业具有足够工位数、配备有自动化检测系统的先进生产设备或自动生产线，保障学徒自动化检测系统的安装、调试和维护等实践技能的训练。

学校还可开发自动化检测系统网络教学资源，实现资源共享，达到帮助学徒自学乃至终身学习的目的。

十一、教学评价

课程的教学评价主要由学校评价、企业评价和第三方评价构成，见表 2－10。其中，如学徒取得仪表维修高级工以上专业技能证书，可以证代考。学校评价中面试包括考勤、提问和课堂表现等；任务考核包括实验、作业、网络课程学习情况和测试等。企业评价中面试包括考核面谈、问题分析讨论、汇报等；任务考核包括量化工作、综合测评、能力测试和网络课程学习情况等；业绩考核包括工作量、工作效率、工作质量、技术技能培训和技能竞赛等。

表 2－10　自动化检测系统装调与维修课程教学评价

学校评价		企业评价		第三方评价	
评价方式	占比	评价方式	占比	评价方式	占比
笔试	10%	笔试	0%	技能鉴定	100%
面试	10%	面试	10%		
任务考核	20%	任务考核	20%		
—	—	业绩考核	30%		
小计	40%	小计	60%		
合计	100%			合计	100%

自动化检测系统装调与维修课程内容结构见图 2－5。

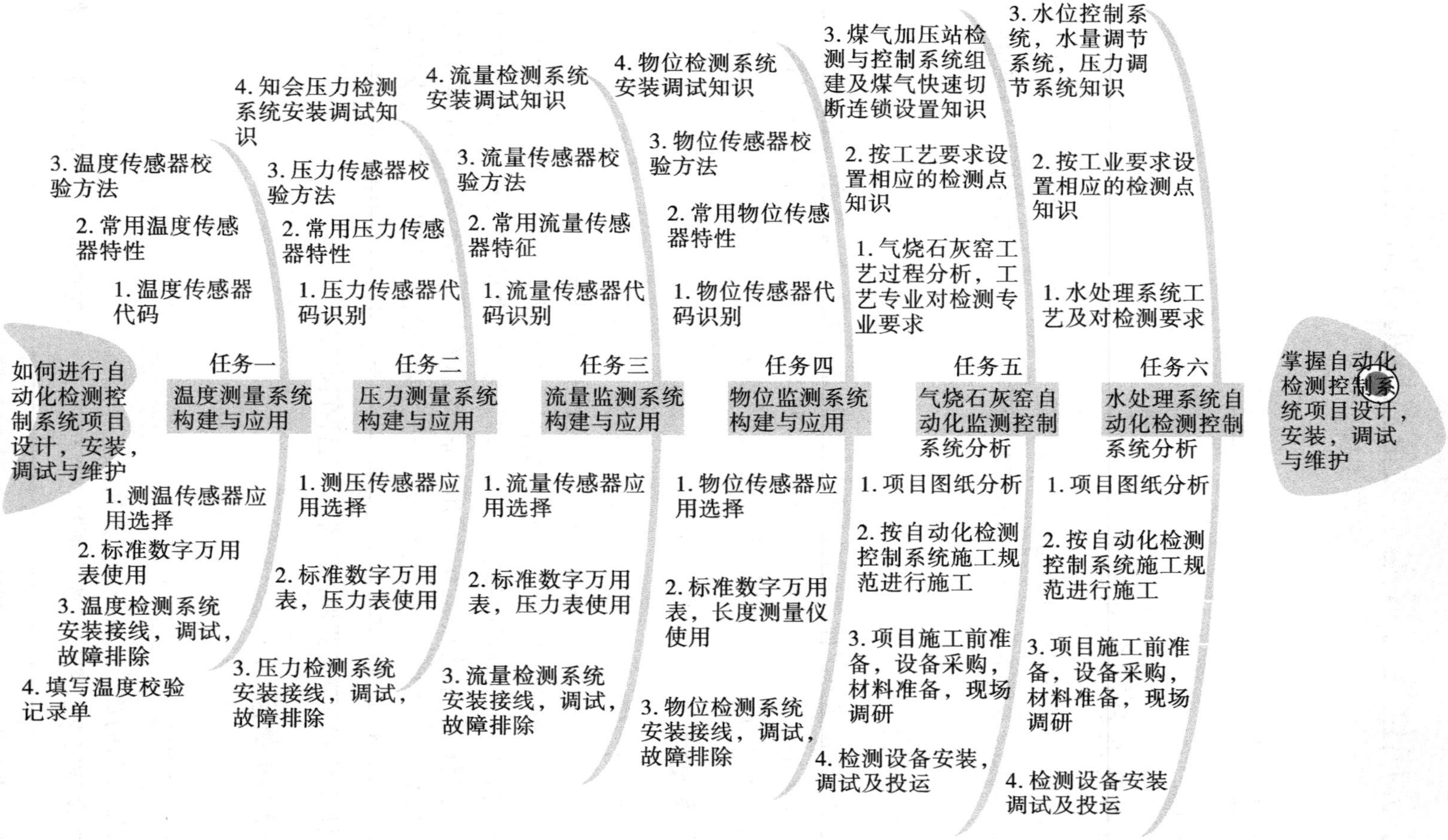

图2–5　自动化检测系统装调与维修课程内容结构

撰稿人：宝钢集团广东韶关钢铁有限公司　曾伟珍
广东松山职业技术学院　李媛

学徒岗位能力课程：设备点检实务课程标准（二/三年制）

一、课程名称

设备点检实务。

二、适用专业及面向岗位

本课程适用于机电设备维修与管理专业，又可适用于数控设备应用与维护、自动化生产设备应用、黑色冶金技术等专业，面向设备点检管理、数控机床维修和自动线维修等岗位。

三、课程性质

本课程为学徒岗位能力课程，主要以企业的在岗培养为主，以学校的理论教学和技能实训为辅的教学方式，与设备点检员国家职业资格考核（中级）设备点检相关内容相融合，属于校企合作完成课程。本课程具有综合性、实践性强的特点，是专业限选课程。

四、课程设计

以本专业职业能力分析表为依据，形成了“管理、点检、维保车间设备”典型工作任务，构建了课程的内容，本课程以工作任务为主线进行课程设计。

本课程典型工作任务可分解为“管理设备资料”“维护保养设备”“执行设备点检计划”3个任务。其中，将“管理设备资料”任务转化为“设备信息管理”1个学习模块；将“执行设备点检计划”任务转化为“常用设备日常点检”“常用设备专业点检”“编制常用设备点检的作业标准”3个学习模块；将“维护保养设备”转化为“车间设备运行维护”和“设备润滑技术与管理”2个学习模块。6个学习模块采用循序渐进的方式，先在校内完成理论讲授和模拟实训，再到企业进行在岗实践。

五、课程教学目标

（一）认知目标

（1）掌握点检目的及“三位一体”点检制。

（2）分析设备的点检部位、点检项目、点检方法、点检周期、点检内容的十大要素等。

（3）概括润滑工作的“五定管理”和“三过滤”等。

（4）使用设备点检表、作业标准指导书、润滑图表等。
（5）总结车间现场改善方法。

（二）能力目标

（1）能按照设备的保养规程、保养类别做好各类设备的保养工作。
（2）能独立完成车床、天车以及自动线设备等典型设备的日常点检及巡检。
（3）能独立完成车床、天车以及自动线设备等典型设备的专业点检。
（4）能编制设备点检标准作业指导书。
（5）能独立完成对车床及自动线设备等典型设备的润滑装置、润滑剂的选用、过滤、使用以及日常保管。
（6）能运用常用计算机软件进行机电设备运行管理、资产管理等工作。

（三）情感目标

（1）树立正确的职业理想，形成科学的职业观。
（2）参与生产实践，激发对设备点检的学习兴趣。
（3）遵从岗位规范，形成良好的安全防范意识和职业行为习惯。
（4）服从岗位安排，具有团队协作精神。

六、参考学时与学分

参考学时：108 学时。
参考学分：6 学分。

七、课程结构（见表2-11）

表2-11 设备点检实务课程结构

序号	学习模块	对接典型工作任务及职业能力要求	知识、技能、态度要求	教学活动设计	学时
1	设备信息管理	04-01-08 08-01-13 08-01-03 13-01-03 18-04 18-05 19、21 22、46-01 46-02 69-07	①生产工艺流程和设备构成。 ②设备编码知识与编码原则。 ③设备信息管理系统的操作规程。 ④能按编码原则查询设备、零部件和备件等信息。 ⑤能录入设备基础信息。 ⑥能录入设备技术标准（维修技术标准、点检标准、给油脂标准和维修作业标准）。 ⑦运用计算机辅助设备进行信息管理的能力	1. 接受设备信息管理任务（2学时） ①理会企业的设备管理系统平台操作与使用方法； ②设备编码知识与编码原则； ③维护设备信息。 2. 制订设备信息管理计划（2学时） ①制定设备信息管理任务明细表； ②编制设备信息管理时间安排表。 3. 设备信息管理系统准备（2学时） ①设备信息管理系统的操作规程； ②安装设备信息系统，并会正确使用。 4. 设备信息管理系统操作（2学时） ①完成设备基础信息维护； ②完成设备技术（标准）信息； ③记录设备信息维护的异常情况。 5. 分析与总结（2学时） ①汇总设备信息维护情况； ②分析数据异常现象； ③提出改进意见。 6. 评估与反馈（2学时） ①进行自评、互评； ②撰写信息维护总结报告	12

续上表

序号	学习模块	对接典型工作任务及职业能力要求	知识、技能、态度要求	教学活动设计	学时
2	车间设备运行维护	18－2 18－3 20－1 20－2 34－01 34－02－09 34－02－10 34－02－11 34－03 51 69－08	①明白设备运行维护的重要性。 ②依据设备的性能、承荷能力及技术特性，安排生产。 ③制定并执行设备使用和维护的一系列规章制度。 ④掌握车间设备运行环境改善方法。 ⑤遵守岗位安全操作规程，有良好的安全防范与环境保护意识	1．接受维护任务（2 学时） ①理清车间设备情况； ②明确企业设备的安全操作规程； ③明确企业设备的维护保养细则等； ④理会车间设备运行环境改善方法。 2．制订维护计划（4 学时） ①制定车间设备运行维护任务明细表； ②编制车间设备运行维护时间安排表。 3．维护准备（3 学时） ①准备日常维护工具，并会正确使用； ②准备安全用具，并会正确使用； ③制定应急预案。 4．设备运行维护（4 学时） ①完成清扫、润滑、紧固、调整； ②完成“三检一交”（自检、互检、专职检查和一次交接合格）； ③记录运行维护的异常情况。 5．分析与总结（4 学时） ①汇总设备运行维护情况； ②分析异常现象或隐患； ③找出薄弱的维修点； ④提出改进意见。 6．评估与反馈（3 学时） ①进行自评、互评； ②撰写运行维护总结报告	20

续上表

序号	学习模块	对接典型工作任务及职业能力要求	知识、技能、态度要求	教学活动设计	学时
3	常用设备日常点检	04－01 08－01 23－01 23－02 34－02－01 34－02－02 34－02－05 54－03－01 54－03－02 54－03－04 69－01	①辨别设备点检的概念、类别。 ②能利用“五感”和简便的检测手段，按规定要求和标准对数控机床、天车等校内设备进行模拟日常点检。 ③熟练使用设备日常点检常用的工具进行点检。 ④合理选择日常点检的方法。 ⑤按规定格式填写日常点检表。 ⑥能运用合理有效沟通方式进行业务交流	1. 接受日常点检任务（2 学时） ①理会日常点检“五感”方法； ②分析数控车床、天车等设备结构； ③明确日常点检的步骤。 2. 制订日常点检计划（4 学时） ①制定点检任务明细表； ②编制数控机床日常点检表； ③编制天车日常点检表。 3. 点检准备（2 学时） ①准备听音棒、测温仪等点检工具，并会正确使用； ②准备安全用具并会正确使用； ③准备日常点检表及标准作业指导书。 4. 数控机床日常点检（2 学时） ①完成设备外部、内部、照明系统、冷却系统、排屑系统、气压系统、润滑系统等部位点检； ②填写点检表，并记录点检过程的异常情况。 5. 天车起重机日常点检（2 学时） ①完成天车起重机（遥控）日常点检； ②完成天车起重机（天车工操作）日常点检； ③填写点检表，并记录点检过程的异常情况。 6. 评估与反馈（3 学时） ①进行自评、互评； ②撰写日常点检总结报告	15

续上表

序号	学习模块	对接典型工作任务及职业能力要求	知识、技能、态度要求	教学活动设计	学时
4	常用设备的专业点检	24 34-02-03 34-02-04 34-02-05 34-02-06 34-02-07 69-01-02 69-02-09 69-06-05 69-06-06	①能合理选择设备专业点检的方法和手段。 ②理会设备的性能检查、精度检查和可靠性试验的要求。 ③根据点检标准和点检线路图对设备进行专业点检。 ④按规定格式填写专业点检表。 ⑤具备对问题的预判能力，能及时发现问题和反映问题	1. 接受专业点检任务（2学时） ①理会专业点检方法和手段； ②分析设备的性能检查、精度检查和可靠性试验的要求。 2. 制订专业点检计划（3学时） ①制定点检线路图； ②编制定期点检表； ③编制精密点检表。 3. 点检准备（4学时） ①进行待定点检设备的预检查； ②准备测振仪、无损探伤等专业点检工具，并会正确使用； ③准备安全用具并会正确使用； ④准备定期点检表、精密点检表及标准作业指导书。 4. 金属切屑机床定期点检（3学时） ①完成设备性能检查； ②完成精度检查； ③完成可靠性试验； ④填写点检表，并记录点检过程的异常情况。 5. 分析与总结（3学时） ①汇总设备点检情况； ②分析异常现象或隐患； ③找出薄弱的维修点； ④提出改进意见。 6. 评估与反馈（3学时） ①进行自评、互评； ②撰写专业点检总结报告	18

续上表

序号	学习模块	对接典型工作任务及职业能力要求	知识、技能、态度要求	教学活动设计	学时
5	编制设备点检的作业标准	08－01－05 08－01－06 08－01－11 25－02 31－01 55－03 69－03－08 69－09－01 69－09－03 69－09－02	①查阅设备使用手册。 ②掌握编制设备点检作业标准的要求、程序。 ③依照设备点检“八定”要求，设计设备点检表格。 ④严格执行点检作业标准的步骤和程序。 ⑤掌握编制设备点检表的方法。 ⑥能结合岗位实际，有自主学习的意识，有钻研精神	1. 接受编制标准任务（2学时） ①明确编制设备点检作业标准的要求； ②理会编制设备点检作业标准的程序。 ③编制设备点检表的方法。 2. 制订点检标准计划（3学时） ①制定点检标准任务明细表； ②编制标准时间安排表； 3. 编制准备（4学时） ①整理相关国家、国际标准； ②收集行业专家意见，生产厂家、企业经验； ③收集点检设备的操作规范等技术资料； ④绘制图表、摄影等工具。 4. 编制数控车床点检作业标准指导书（4学时） ①确定点检部位、项目； ②确定点检内容、点检工具等； ③分析影响点检周期的因素； ④制作电子版日常点检作业标准指导书。 5. 编制天车点检作业标准指导书（4学时） ①确定点检部位、项目； ②确定点检内容、点检工具等； ③分析影响点检周期的因素； ④制作电子版日常点检作业标准指导书。 6. 评估与反馈（3学时） ①进行自评、互评； ②撰写标准编制总结报告	20

续上表

序号	学习模块	对接典型工作任务及职业能力要求	知识、技能、态度要求	教学活动设计	学时
6	设备润滑技术与管理	02-02-03 02-03-04 02-03-06 06-04-02 07-05-04 07-05-06 12-05-04 12-05-06 18-01 34-01-09 34-02-05 34-02-11 46-04-06 47-04-06 47-05-13 48-05-15 49-02-04 69-10	①掌握设备润滑的定义、作用及分类。 ②辨别润滑油和润滑脂的质量指标及选用。 ③理会设备润滑的“五定”管理和“三过滤”。 ④采用适当的方法与润滑装置将润滑剂送到各润滑部位。 ⑤掌握润滑材料存储和使用的原则和方法。 ⑥具有吃苦耐劳不怕脏的精神	1. 接受设备润滑任务（2学时） ①润滑油和润滑脂的质量指标及选用； ②设备润滑的“五定”管理和“三过滤”； ③润滑材料存储和使用的原则和方法。 2. 制订设备润滑计划（4学时） ①制定设备润滑任务明细表； ②制定设备润滑时间安排表； ③制订润滑管理的规章制度。 3. 设备润滑准备（4学时） ①收集润滑图表、润滑卡片等； ②整理润滑清洗换油操作规程、换油周期及标准等待设备润滑技术资料； ③准备绘制图表、摄影、润滑等工具。 4. 编制给油脂标准（4学时） ①确定润滑部位、润滑点数及润滑方法； ②确定油脂品种牌号； ③确定补充油标准及更换油标准； ④制作电子版给油脂标准。 5. 设备润滑操作（4学时） ①完成冷轧设备的润滑； ②记录润滑过程的异常情况。 6. 评估与反馈（3学时） ①进行自评、互评； ②撰写设备润滑管理总结报告	23
合计					108

注：“职业能力”栏目下的课程职业能力编码与本书附录“1. 现代学徒制机电设备维修与管理专业职业能力分析表”的编码对应。

八、资源开发与利用

（一）教材编写与使用

教材编写应围绕课程设计思路，坚持以学徒的终身发展为本，以岗位任务为导向，按工作过程进行设计。教材编写应遵循特色原则，着力体现现代学徒制特色、行业和学科特色；遵循实用原则，注重理论和实践相结合，突出适用、实用的特点；遵循校企合作原则，教材由课程专家和企业、行业专家共同开发编写，形成以岗位技能为中心、以现场问题为导向的、以解决问题为目标的工学结合的教材。学习模块可根据教学需要进行增减。在教材选用方面，优先推荐行业专家编写教材、企业内部编制教材。

（二）数字化资源开发与利用

围绕本课程典型工作任务为主要内容设计数字化资源，以视频、微课和动画等为主要形式，包括、教学课件、实训指导书、试题库和互动平台等。

利用校内实验实训等现有设备条件，建立校内设备点检管理实训平台。联合企业内部网络培训课程，建设课程教学资源库，实现校企共享。

（三）企业岗位培养资源的开发与利用

根据企业的培训资源、企业导师丰富的技术经验、以及企业编制的专业教材等已有资源，提炼更具有代表性的实际案例，开发具有普适性的学习模块。充分利用企业内部执行的点检制和先进的设备信息管理系统平台，开展在岗培养，引导学徒进行在岗技术创新。

九、教学建议

教学形式可采用项目教学、任务教学、现场教学等多种教学方法相结合。对于设备维护、点检、计划等理论性较强的基本知识和概念，在学校进行系统性集中讲授，再利用校内的实训基地进行任务模拟训练，教学时间不超过54学时；对于实践性强的学习模块，利用企业现有的设备资源条件，在企业进行现场教学，教学时间不超过90学时。

充分考虑学徒倒班、业余时间学习等实际情况，利用校企的课程网络平台，引导学生自主学习，网络教学时间不得超过72学时；考虑学徒参差不齐的学习基础、实际工作经验等特点，根据教学需要，合理分配学校与企业教学学时，灵活调整教学进度，保证教学质量。

十、课程实施条件

学校有数控车间或实习工厂、机房等理实一体化实训场所，实训设备的台套数按照每台1~2人进行配比，能保障学徒完成设备点检基本工作过程训练。企业有设备信息管理系统，有足够工位数，有先进生产设备或生产线等，保障学徒专业实践和技能训练。

十一、教学评价

课程的教学评价主要由学校评价、企业评价和第三方评价构成，如表 2－12 所示。其中，如学徒取得中级设备点检员资格证，可以证代考。学校评价中面试包括课堂提问和讨论表现等；任务考核包括考勤、作业、网络课程学习情况和测试等。企业评价中面试包括考核面谈、问题分析讨论、汇报等；任务考核包括量化工作、综合测评、能力测试和网络课程学习情况等；业绩考核包括工作量、工作效率、工作质量、技术技能培训和技能竞赛等。

表 2－12　设备点检实务课程教学评价

学校评价		企业评价		第三方评价	
评价方式	占比	评价方式	占比	评价方式	占比
笔试	20%	业绩考核	50%	技能鉴定	100%
面试	5%	面试	5%		
任务考核	5%	任务考核	15%		
小计	30%	小计	70%		
合计	100%			合计	100%

设备点检实务课程内容结构见图 2－6。

图 2-6　设备点检实务课程内容结构

撰稿人：广东松山职业技术学院　林燕虹
宝钢集团广东韶关钢铁有限公司　姜海军

学徒岗位能力课程：专用机电设备安装与调试课程标准（三年制）

一、课程名称

专用机电设备安装与调试。

二、适用专业及面向岗位

本课程适用于机电设备维修与管理专业，又可适用于机电设备安装技术、自动化生产设备应用、钢铁冶金设备应用技术等专业，面向机械维修、电气维修和设备管理等岗位。

三、课程性质

本课程为学徒岗位能力课程，是本专业的限选课程。课程以学徒在岗培养为主要教学手段，以学校的理实一体化教学为辅助，属于校企合作完成课程。

四、课程设计

以本专业职业能力分析表为依据，形成了“安装、调试专用机电设备”典型工作任务，构建了课程的内容，本课程以工作任务为主线进行课程设计。

本课程典型工作任务可分为“安装调试加热炉风机”“安装调试轧机主传动装置”“安装调试剪机”“安装调试上料装置”“安装调试矫直机”5 个分任务。将 5 个分任务转化为对应的“加热炉风机的安装调试”“轧机主传动装置的安装调试”“剪机的安装调试”“上料装置的安装调试”“矫直机的安装调试”5 个学习模块。5 个模块采用循序渐进的方式，从结构分析到安装再到调试，在校内完成集中面授及模拟培训，再到企业开展岗位培养。

五、课程教学目标

（一）认知目标

（1）了解机电设备常用功能部件的基本结构、工作原理及功能。
（2）知会专用机电设备主要性能参数。
（3）分析机电设备的装配工艺编制方法。
（4）总结各类装配零部件的修配方法。
（5）评价机电设备安装后精度检测与试运行的方法。

（二）能力目标

（1）会阅读机电设备相关的技术文件。

（2）会编制机电设备的装配工艺流程。

（3）能正确选用和操作各种装配工具。

（4）能正确调整机械设备传动件的配合精度。

（5）能正确诊断与排除设备故障。

（6）会调整和恢复机械设备的整机精度。

（三）情感目标

（1）具有精益求精的工匠精神、具备对问题的预判能力，发现问题和反映问题，掌握解决问题的技巧及方法。

（2）关注行业发展新动态、能结合岗位实际深入钻研、运用先进的工具和方法，开展安全预防工作。

（3）具有团队协作能力，具有自主学习的意识、具备革新创新意识和思维，并具有吃苦耐劳不怕脏的精神。

（4）遵守岗位安全操作规程，具备安全责任意识。

六、参考学时与学分

参考学时：126 学时。

参考学分：7 学分。

七、课程结构（见表2－13）

表2－13　专用机电设备安装与调试课程结构

序号	学习模块	对接典型工作任务及职业能力要求	知识、技能、态度要求	教学活动设计	学时
1	加热炉风机的安装调试	01 05－02 11－03 33－01－02 33－01－04 33－01－07 33－02－02 33－03－03 34－02－12 34－03－03 34－04－03 69－08	①了解加热炉风机的基本结构、原理、功能及类型。 ②明确风机的安装技术要求。 ③会编制风机装配工艺流程。 ④能正确选用和操作装配工具。 ⑤能顺利安装调试煤气引风机的主电机、联轴器及叶轮。 ⑥能调试加热炉风机。 ⑦能遵守岗位安全操作规程，具备安全责任意识	1. 接受安装任务（2学时） ①加热炉风机的工作原理分析； ②理会加热炉风机的基本结构； ③分析加热炉风机的安装技术要求； ④明确安装安全操作规程。 2. 制订安装计划（4学时） ①制定安装任务明细表； ②编制安装时间安排表； ③编制风机装配工艺流程。 3. 安装准备（2学时） ①准备安装工具，并会正确使用； ②准备安全用具，并会正确使用； ③制定应急预案。 4. 加热炉风机安装（10学时） ①完成主电机、联轴器及叶轮安装； ②完成其他零部件的安装； ③记录安装过程的异常情况。 5. 加热炉风机调试（4学时） ①检验加热炉风机是否正常工作； ②调试加热炉风机。 6. 评估与反馈（3学时） ①进行自评、互评； ②撰写安装调试总结报告	25

续上表

序号	学习模块	对接典型工作任务及职业能力要求	知识、技能、态度要求	教学活动设计	学时
2	轧机主传动装置的安装调试	03－03 06－01 06－02 33－01－06 33－01－08 33－01－09 33－02－03 33－06－06 34－03－08 35－01－06 35－03－09 36－02－07 37－01－05 37－01－06 69－04	①了解轧机系统结构组成。 ②能快速阅读轧机主传动装置装配图。 ③确认场地环境，辨识危险源。 ④确认安装基础是否符合技术要求。 ⑤明确设备功能部件装配方法。 ⑥能按装配工艺正确安装、调试轧机主传动装置的轴承座、齿轮箱、主电机和主传动轴等功能部件。 ⑦具有持续性自主学习的能力	1. 接受安装任务（2 学时） ①分析单机架轧机的基本结构； ②分析四辊可逆式轧机结构； ③阅读轧机主传动装置装配图； ④明确安装安全操作规程。 2. 制订安装计划（4 学时） ①制定安装任务明细表； ②编制安装时间安排表； ③编制风机装配工艺流程。 3. 安装准备（2 学时） ①准备安装工具，并会正确使用； ②准备安全用具，并会正确使用； ③确认场地环境，辨识危险源； ④制定应急预案。 4. 轧机主传动装置安装（10 学时） ①完成轴承座、齿轮箱、主电机和主传动轴的安装； ②完成其它零部件的安装； ③记录安装过程的异常情况。 5. 轧机主传动装置调试（5 学时） ①检验轧机主传动装置是否正常工作； ②调试轧机主传动装置； ③诊断和排除轧机主传动装置故障。 6. 评估与反馈（3 学时） ①进行自评、互评； ②撰写安装调试总结报告	26

续上表

序号	学习模块	对接典型工作任务及职业能力要求	知识、技能、态度要求	教学活动设计	学时
3	剪机的安装调试	07-01 07-03 33-02-02 33-02-03 33-02-06 33-03-06 33-03-04 33-03-06 34-02-08 34-02-12 35-02-03 35-03-09 39-01-01 69-05	①了解剪机基本结构、原理及功能。 ②能熟练使用安装工量具。 ③能够正确安装和调试剪机刀缝调节装置、主刀装置和碎刀装置等主要功能部件。 ④能准确检测设备整机安装后的静态状况。 ⑤能够独立试运行设备（空载及负载）。 ⑥具有团队协作能力	1. 接受安装任务（2学时） ①分析剪机的工作原理； ②分析剪机的基本结构； ③明确剪机装配工艺与装配要求； ④明确安装安全操作规程。 2. 制订安装计划（4学时） ①制定安装任务明细表； ②编制安装时间安排表； ③编制剪机装配工艺流程。 3. 安装准备（2学时） ①准备安装工具，并会正确使用； ②准备安全用具，并会正确使用； ③制定应急预案。 4. 剪机安装（10学时） ①完成刀缝调节装置的安装； ②完成主刀装置等其它零部件的安装； ③记录安装过程的异常情况。 5. 剪机调试（4学时） ①检测剪机整机安装后的静态状况； ②试运行剪机； ③诊断和排除剪机故障。 6. 评估与反馈（3学时） ①进行自评、互评； ②撰写安装调试总结报告	25

续上表

序号	学习模块	对接典型工作任务及职业能力要求	知识、技能、态度要求	教学活动设计	学时
4	上料装置的安装调试	12－01 12－02 33－01－03 33－01－05 33－01－09 33－02－04 33－02－06 33－02－08 33－03－15 34－03－08 34－04－03 35－01－06 35－03－05 35－03－08 36－02－07 69－01	①了解上料装置的基本结构及工作原理。 ②知会上料装置的主要性能参数。 ③能选择冷床上料装置安装基准。 ④能准确辨识危险源。 ⑤能按照装配工艺要求在规定工时内完成上料装置的安装和调试。 ⑥能够检测上料装置的零部件及总体安装精度。 ⑦能使用正确方法修配零部件。 ⑧能够实施必要的防护、防锈和防尘等措施。 ⑨能遵守岗位安全操作规程，有良好的安全防范与环境保护意识	1. 接受安装任务（2学时） ①分析上料装置的工作原理； ②分析上料装置的基本结构； ③知会上料装置的主要性能参数； ④明确上料装置装配工艺与装配要求； ⑤明确安装安全操作规程。 2. 制订安装计划（4学时） ①制定安装任务明细表； ②编制安装时间安排表； ③编制上料装置装配工艺流程。 3. 安装准备（2学时） ①准备安装工具，并会正确使用； ②准备安全用具，并会正确使用； ③准确辨识危险源，制定应急预案。 4. 上料装置安装（10学时） ①完成上料装置输入辊道的安装； ②完成上料装置其它零部件的安装； ③记录安装过程的异常情况。 5. 上料装置调试（4学时） ①检测上料装置总体安装精度； ②试运行上料装置； ③诊断和排除上料装置故障。 6. 评估与反馈（3学时） ①进行自评、互评； ②撰写安装调试总结报告，分析上料装置结构	25

续上表

序号	学习模块	对接典型工作任务及职业能力要求	知识、技能、态度要求	教学活动设计	学时
5	矫直机的安装调试	12－04 33－02－04 33－02－06 33－02－08 33－02－09 33－03－07 34－04－04 34－04－17 35－03－05 35－03－07 35－03－08 41－01－02 44－01－02 44－01－03 44－01－09 45－02－01 69－03 69－06	①熟悉矫直机基本结构、工作原理和功能。 ②明确矫直机牌坊的结构组成及安装技术要求。 ③能快速地确定安装基准。 ④能按照工艺要求在规定的工时内完成矫直机主要功能部件安装与调试。 ⑤能够快速准确记录安装数据。 ⑥具备对问题的预判能力，能及时发现问题和解决问题	1. 接受安装任务（2 学时） ①分析矫直机的工作原理； ②明确矫直机牌坊的结构； ③知会矫直机的主要性能参数； ④明确矫直机安装技术要求； ⑤明确安装安全操作规程。 2. 制订安装计划（4 学时） ①制定安装任务明细表； ②编制安装时间安排表； ③编制上料装置装配工艺流程。 3. 安装准备（2 学时） ①准备安装工具，并会正确使用； ②准备安全用具，并会正确使用； ③制定应急预案。 4. 矫直机安装（10 学时） ①完成矫直机牌坊的安装； ②完成矫直机其它零部件的安装； ③记录安装过程的异常情况。 5. 矫直机调试（4 学时） ①检测矫直机总体安装精度； ②试运行矫直机； ③诊断和排除矫直机故障。 6. 评估与反馈（3 学时） ①进行自评、互评； ②撰写安装调试总结报告	25
合计					126

注：“职业能力”栏目下的课程职业能力编码与本书附录“1. 现代学徒制机电设备维修与管理专业职业能力分析表”的编码对应。

八、资源开发与利用

（一）教材编写与使用

教材编写以任务为导向，按工作过程设计顺序，以机械维修、电气维修和自动线维修等岗位专用机电设备安装与调试工作为主线设计教材结构。

围绕课程结构表中的学习模块，对接职业能力分析表，结合学校与合作企业条件，以加热炉风机等常见专用机电设备或合作企业专用机电设备为载体，编写适用于学徒岗位学习的模块，教材注重实践内容的可操作性。教材由课程专家和企业行业专家共同开发编写。在教材选用方面，优先推荐行业专家编写教材、企业内部编制教材。

（二）数字化资源开发与利用

遵循方便学徒学习、易于学徒和双导师互动的理念，围绕学徒岗位，以专用机电设备的安装与调试为主要内容，建立可满足“互联网+”时代教育要求的数字化教学与信息化管理平台，建设专用机电设备安装与调试课程专业教学资源库，开发优质数字化资源，实现校内开放、校外共享。

（三）企业岗位培养资源的开发与利用

根据企业机电设备资源，开发专用机电设备安装调试教学模块，进行理实一体化教学，使学徒能解决生产实际中遇到安装调试、精度调整、故障查找及排除等方面的问题，提高解决生产实际问题的能力；利用企业设备，开展在岗培养，引导学徒进行在岗技术创新。

九、教学建议

教学形式可采用项目教学、任务教学和现场教学等多种教学方法相结合。对于设备基本结构、工作原理、装配工艺等理论性较强的基本知识和概念，在学校进行系统性集中讲授，再利用多媒体、仿真等手段进行模拟训练，利用校内实训设备进行基本拆装训练，教学时间为 36 学时；对于实践性强的学习模块，利用企业现有的设备资源条件，在企业进行在岗培养，教学时间为 90 学时。

充分考虑学徒倒班、业余时间学习、参差不齐的学习基础、实际工作经验不丰富等特点，合理设置教学目的，根据教学情况调整教学进度、教学方法，保证教学质量。利用校企的课程网络平台，引导学生自主学习，网络教学时间不得超过 72 学时。

十、课程实施条件

学校具有钳工、金工等实训场地，能满足机电设备典型功能部件拆装训练，实训设备按照每台 1 ~ 2 人进行配比，满足本课程教学需要。

企业具有风机、剪机、上料装置或其他等典型专用机电设备，具有足够工位数，能保障学徒完成各类机电设备安装调试专业实践教学和技能训练。学校还可开发机电设备安装调试网络教学资源，实现资源共享，实现学徒自学及终身学习的目的。

十一、教学评价

课程教学评价主要由学校评价、企业评价和第三方评价构成，见表2－14。其中，如学徒取得装配钳工（中、高级）资格证，可以证代考。学校评价中面试包括考勤、提问和课堂表现等；任务考核包括实验情况、网络课程学习情况和测试等。企业评价：面试包括考核面谈、问题分析讨论、汇报等；任务考核包括量化工作、综合测评、能力测试和网络课程学习情况等；业绩考核包括工作量（工时）、工作效率、工作质量、技术技能培训和技能竞赛等。

表2－14　专用机电设备安装与调试课程教学评价

学校评价		企业评价		第三方评价	
评价方式	占比	评价方式	占比	评价方式	占比
笔试	10%	安全文明操作	10%	技能鉴定	100%
面试	10%	面试	20%		
任务考核	10%	任务考核	20%		
—	—	业绩考核	20%		
小计	30%	小计	70%		
合计	100%			合计	100%

专用机电设备安装与调试课程内容结构详见图2－7。

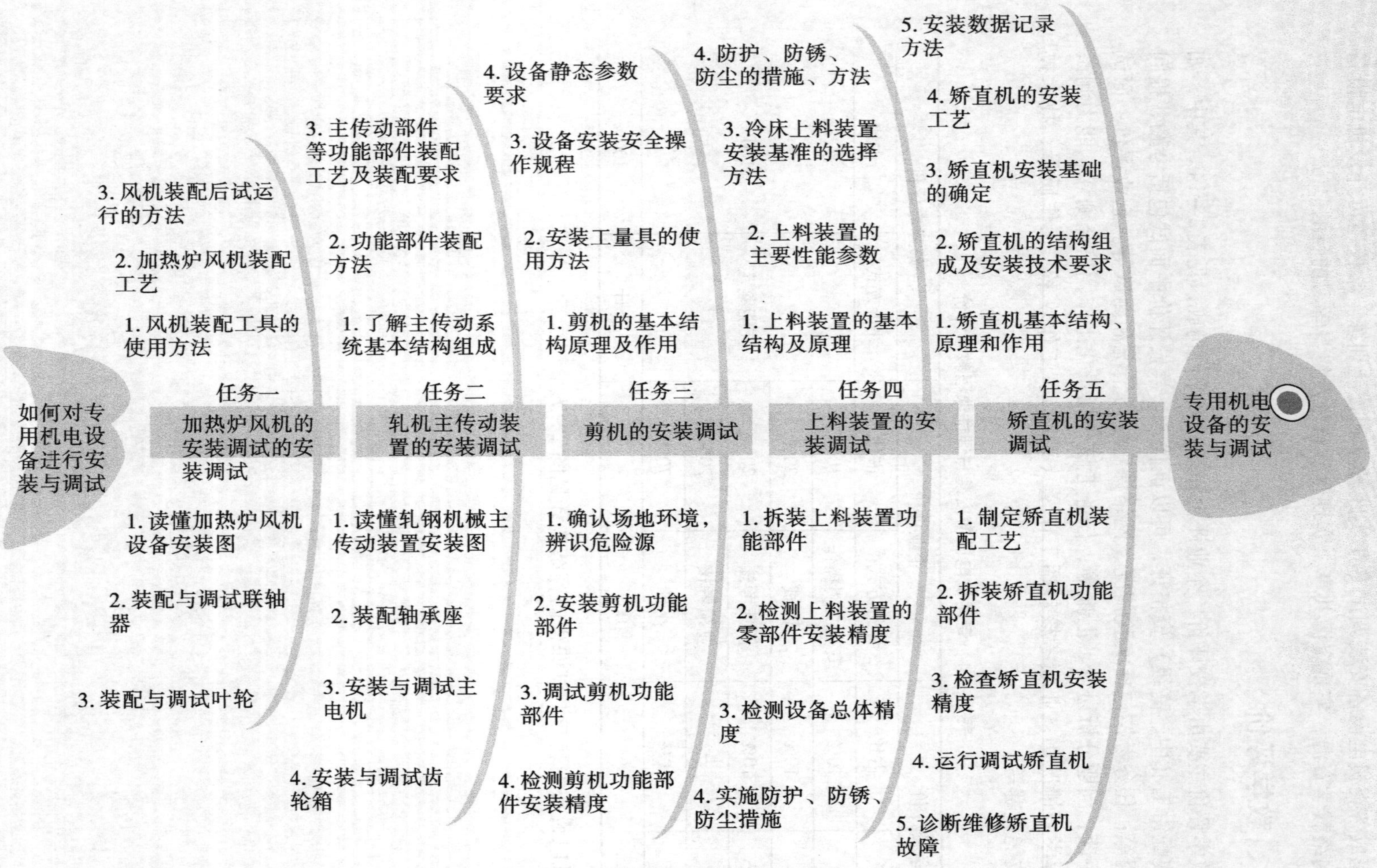

图 2-7　专用机电设备安装与调试课程内容结构

撰稿人：广东松山职业技术学院　刘雄清
宝钢集团广东韶关钢铁有限公司　薛自立
宝钢集团广东韶关钢铁有限公司　姜海军

学徒岗位能力课程：电气控制系统应用与故障处理课程标准（三年制）

一、课程名称

电气控制系统应用与故障处理。

二、适用专业及面向岗位

本课程适用于机电设备维修与管理专业，又可适用于机电一体化技术、电气自动化技术和数控设备应用与维护等专业，面向电气维修、自动线维修和数控机床维修等岗位。

三、课程性质

本课程为学徒岗位能力课程，是本专业的限选课程。课程属于校企合作完成课程，以企业在岗培养为主，学校的理实一体化教学为辅。

四、课程设计

以本专业职业能力分析表为依据，形成“安装、调试、维修、改进机电设备控制系统”的典型工作任务，构建课程的内容，本课程以工作任务为主线进行课程设计。

本课程典型工作任务包含“安装与调试继电控制电路”“调试定位控制系统”“诊断与分析控制系统故障”“诊断与处理交直流速度波动故障”“分析控制系统参数及优化系统性能”5 个任务，分别转化为“天车大车继电控制电路安装与调试”“加热炉步进梁定位控制系统调试”“轧钢生产线裙板分钢控制系统故障诊断与分析”“主轧机交直流速度波动故障诊断与处理”“轧线飞剪控制系统参数分析及性能优化”5 个模块。

天车大车继电控制电路安装与调试模块为基础模块，在校内完成理实一体化培养；加热炉步骤定位控制系统调试和轧钢生产线裙板分钢控制系统故障诊断与分析模块采取先在校理实一体化培养，再到企业开展岗位培养；最后两个模块在企业开展岗位培养。模块的设计采用循序渐进的方式，从“安装调试”到“故障分析”，再到“故障处理”，递进到“系统性能优化”的顺序安排模块的学习。

五、课程教学目标

（一）认知目标

（1）了解电气类安装规范、常用低压电器知识、三相异步电动机正反转、起动和制动控制知识。

（2）了解步进梁位移传感器、电液比例控制阀和常用测速装置（编码器、测速发电机、速度解析器等）、步进梁升/降、平移液压回路原理和轧线飞剪反馈环节。

（3）了解 S7－300 逻辑控制、S7－300 模拟量控制与位置控制知识。

（4）了解步进梁机械传动机构及功能、分钢控制系统电气原理图和接线图、轧钢生产线裙板分钢装置结构和功能与轧线飞剪装置结构和功能。

（5）了解交/直流电机结构和工作原理、电机速度和力矩控制，知会伺服控制知识。

（6）了解单闭环直流调速系统构成、调速方法及性能指标。

（二）能力目标

（1）能使用电工常用仪表工具。

（2）能根据电气类安装规范，按照电气原理图和接线图完成天车大车继电控制电路等电气线路的安装。

（3）能根据电气设备类技术标准，按照控制要求对天车大车继电控制电路等电气控制系统进行调试。

（4）能通过使用电工仪表、工具或 PLC 诊断工具检查轧钢生产线裙板分钢控制系统等线路故障并排除故障。

（5）能根据 PLC 逻辑控制的知识，实现加热炉步进梁定位控制等控制系统的逻辑控制。

（6）能根据 PLC 模拟量闭环控制的知识，根据实际控制要求对加热炉步进梁定位控制系统的 PID 控制器的参数进行调试与整定。

（7）能根据位置控制知识和系统运行要求，控制伺服电机运行，实现位置控制。

（8）能实现单闭环交直流调速系统的调速。

（9）能够根据控制系统实际要求，完成电气控制系统参数分析及性能优化。

（10）能完成电气控制系统的设计、安装、调试、维护、故障排除和性能优化等。

（三）情感目标

（1）遵守岗位安全操作规程，具备安全责任意识。

（2）具有沟通交流及解决问题的能力。

（3）具有团队协作精神。

（4）具有自主学习、革新创新意识。

（5）具有数字应用及信息处理能力。

六、参考学时与学分

参考学时：108 学时。

参考学分：6 学分。

七、课程结构（见表 2－15）

表 2－15　电气控制系统应用与故障处理课程结构

序号	学习模块	对接典型工作任务及职业能力要求	知识、技能、态度要求	教学活动设计	学时
1	天车大车继电控制电路安装与调试	02 06 58－01－02 58－01－03 58－01－04 58－02－01 58－02－02 58－02－03 58－05 58－06 59－01 59－02 59－03 59－04 59－05 69－01－01 69－01－02 69－01－05 69－05－01 69－06－03 69－08－02	①了解常用低压电器知识和电气类安装规范。 ②了解三相异步电动机正反转、起动和制动控制知识。 ③会阅读电器原理图、接线图、元件布置图，并能根据电气原理图、接线图安装天车大车继电控制电路。 ④会使用电工量器具，能使用电工仪表和工具检查线安装故障。 ⑤能准确理解、传达工作任务，具备安全责任意识和团队合作意识，并有发现问题和解决问题的能力	1. 接受安装调试任务（2 学时） ①明确天车大车的功能和工作原理； ②明确天车大车继电控制电路的安装标准。 2. 制订安装调试计划（2 学时） ①确定天车大车继电控制电路主要电器元件； ②天车大车运行标准。 3. 安装调试准备（2 学时） ①电工仪表和工具的使用； ②电气控制系统调试安全规范。 4. 控制电路安装（4 学时） ①天车大车继电控制主电路的安装； ②天车大车继电控制电路的组装。 5. 调试（3 学时） ①天车大车继电控制电路的调试； ②天车大车继电控制电路运行性能的调试； ③天车大车继电控制电路安装验收。 6. 评估与反馈（1 学时） ①进行自评、互评； ②撰写安装调试总结	14

续上表

序号	学习模块	对接典型工作任务及职业能力要求	知识、技能、态度要求	教学活动设计	学时
2	加热炉步进梁定位控制系统调试	02 06 07 59 65－01 65－02 65－03 69－01－01 69－01－02 69－01－05 69－05－01 69－06－03 69－08－02	①了解步进梁位移传感器、电液比例阀及步进梁机械传动机构知识。 ②了解步进梁升/降、平移液压回路原理及 S7－300 模拟量控制知识。 ③能根据电气原理图、接线图安装步进梁控制系统。 ④能使用电工仪表和工具检查线路故障，分析故障原因，并排除故障，使系统运行。 ⑤能准确理解、传达工作任务，具备安全责任意识和团队合作意识，并有发现问题和解决问题的能力	1．接受任务（2 学时） ①明确加热炉步进梁控制系统工作流程； ②明确加热炉步进梁功能。 2．制订调试计划（3 学时） ①分析加热炉步进梁控制系统组成； ②确定调试步骤； ③明确调试注意事项。 3．调试准备（2 学时） ①明确步进梁升/降、平移液压回路原理； ②掌握 S7－300 模拟量控制知识。 4．调试程序（5 学时） ①编写加热炉步进梁运行程序； ②仿真调试加热炉步进梁控制系统。 5．现场调试（6 学时） ①企业现场安装步进梁控制系统； ②现场调试加热炉步进梁控制系统； ③排除加热炉步进梁控制系统故障。 6．评估与反馈（2 学时） ①进行自评、互评； ②撰写安装调试总结报告	20

续上表

序号	学习模块	对接典型工作任务及职业能力要求	知识、技能、态度要求	教学活动设计	学时
3	轧钢生产线裙板分钢控制系统故障诊断与分析	12 59 60－01 60－02 60－03 60－04 60－05 61－01 62－01－06 65－01 65－02 65－03 65－04 69－01－01 69－01－02 69－01－05 69－05－01 69－06－03 69－08－02	①了解轧钢生产线裙板分钢装置结构和功能。 ②了解轧钢生产线裙板分钢电气控制系统常见故障。 ③能读懂分钢控制系统电气原理图和接线图。 ④了解S7－300逻辑控制、位置控制和伺服控制知识。 ⑤能使用电工仪表、工具和PLC诊断功能检查轧钢生产线裙板分钢电气控制系统故障，进行故障分析，撰写故障分析报告。 ⑥能准确理解、传达工作任务，具备安全责任意识和团队合作意识，并有发现问题和解决问题的能力	1. 接受任务（2学时） ①明确轧钢生产线裙板分钢装置机构组成和检测装置； ②明确轧钢生产线裙板分钢装置控制系统常见故障。 2. 制订工作计划（3学时） ①知会S7－300逻辑控制、位置控制和伺服控制知识； ②制定常见故障诊断方案。 3. 工作准备（3学时） ①读懂分钢控制系统电气原理图和接线图； ②准备常用电工仪表、工具等。 4. 系统运行测试（7学时） ①模拟运行分钢控制系统； ②企业现场在线运行轧钢生产线裙板分钢系统。 5. 故障诊断与分析（8学时） ①使用电工仪表、工具和S7－300 PLC诊断工具进行诊断； ②现场分析轧钢生产线裙板分钢伺服控制系统故障和电气控制系统故障； ③排除系统故障。 6. 评估与反馈（2学时） ①进行自评、互评； ②撰写故障诊断分析报告	25

续上表

序号	学习模块	对接典型工作任务及职业能力要求	知识、技能、态度要求	教学活动设计	学时
4	主轧机交直流速度波动故障诊断与处理	03 12 60 62-01-02 62-01-05 62-01-06 62-01-07 62-02 62-03-02 62-03-04 62-03-05 62-03-06 62-03-07 62-03-08 62-03-09 62-03-10 62-03-11 62-03-12 62-03-13 65-04 69-01-01 69-01-02 69-01-05 69-05-01 69-06-03 69-08-02	①了解交、直流电机结构、工作原理，知会单闭环交/直流调速系统构成、调速方法及性能指标知识。 ②能对变频器运行模式、功能及参数进行设置。 ③了解常用测速装置（编码器、测速发电机、速度解析器等）知识。 ④能使用电工仪表、工具和PLC诊断主轧机交、直流电气控制系统故障，并排除故障，能撰写故障分析报告。 ⑤能准确理解、传达工作任务，具备团队合作意识，并有发现问题和解决问题的能力，能遵守岗位安全操作规程，具备安全责任意识，具有自主学习、革新创新意识	1. 接受任务（2学时） ①明确调速系统构成、调速方法及性能指标； ②明确主轧机交直流速度系统波动故障。 2. 制订计划（3学时） ①明确主轧机结构、功能和控制系统组成； ②制定常见故障诊断处理方案。 3. 工作准备（3学时） ①知会交、直流电机结构和工作原理； ②知会常用测速装置知识； ③准备常用电工仪表、工具等。 4. 运行系统（7学时） ①设置变频器运行模式和参数； ②运行主轧机。 5. 故障诊断与处理（7学时） ①诊断主轧机测速装置故障； ②诊断主轧机交/直流调速系统故障； ③排除主轧机交/直流系统故障。 6. 评估与反馈（2学时） ①进行自评、互评； ②撰写故障诊断与处理总结报告	24

续上表

序号	学习模块	对接典型工作任务及职业能力要求	知识、技能、态度要求	教学活动设计	学时
5	轧线飞剪控制系统参数分析及性能优化	16 61 68－02 68－03 69－01 69－02 69－03 69－04 69－05 69－06 69－07 69－08	①了解轧线飞剪装置结构和功能；知会轧线交直流电机速度、力矩控制知识；了解轧线飞剪反馈环节；知会S7－300定位模块功能及应用；知会轧线飞剪控制系统工艺流程。 ②能使用软件对轧线飞剪控制系统运行参数进行分析。 ③能根据安全规范，使用电工仪表和工具对系统线路进行调整，并依据负载变化完成系统参数分析及性能优化。 ④具有沟通交流、数字应用、革新创新能力；具有自主学习、解决问题、信息处理的能力，遵守岗位安全操作规程，具备安全责任意识，具有自主学习、革新创新意识	1. 接受任务（2学时） ①确定轧线飞剪控制系统工艺流程； ②明确轧线飞剪控制系统性能要求。 2. 制订工作计划（3学时） ①明确轧线飞剪装置结构、功能及电气控制系统组成； ②明确系统参数性能优化方法。 3. 工作准备（3学时） ①了解轧线交直流电机速度、力矩控制知识； ②了解轧线飞剪反馈环节； ③知会S7－300定位模块功能及应用。 4. 调试轧线飞剪控制系统（7学时） ①现场运行轧线飞剪系统； ②匹配轧线与飞剪运行位置。 5. 系统优化（8学时） ①调整轧线和飞剪的运行速度； ②调整轧线飞剪控制系统主要运行参数； ③优化轧线飞剪运行性能。 6. 评估与反馈（2学时） ①进行自评、互评； ②撰写参数优化总结报告	25
合计					108

注："职业能力"栏目下的课程职业能力编码与本书附录"1. 现代学徒制机电设备维修与管理专业职业能力分析表"的编码对应。

八、资源开发与利用

（一）教材编写与使用

教材编写以任务为导向，按工作过程设计顺序，以机械和电气维修、数控机床维修、自动线维修等岗位电气控制系统的典型应用为主线设计教材结构。

教材编写围绕课程设计思路，课程专家和企业行业专家共同开发编写，以常见低压电器、传感器、电机、变频器、S7 系列 PLC 等装置搭建的电气控制系统“天车大车继电控制电路安装与调试”5 个教学任务设计，主要体现电气控制系统的应用、安装、调试、维护、故障排除和性能优化等内容。

（二）数字化资源开发与利用

遵循方便学徒终身学习、开放式和易于学徒和双导师互动的理念，围绕以岗位电气控制系统的典型应用为主要内容设计数字化资源，以视频、微课等为主要形式，包括教学课件、互动平台等。

（三）企业岗位培养资源的开发与利用

依据学徒所在企业已有的电气控制系统资源，开发“天车大车继电控制电路安装与调试”等教学资源，使学徒能解决生产实际中遇到的电气控制系统安装、调试、维护、故障查找及排除和系统优化等方面的问题，形成解决生产实际问题的能力；利用企业已有天车大车继电控制、加热炉步进梁定位、轧钢生产线裙板分钢、主轧机交直流和轧线飞剪等系统，开展在岗培养，引导学徒进行在岗技术创新。

九、教学建议

“天车大车继电控制电路安装与调试”采用“项目导向”的方式，在学校完成理实一体化培养；利用企业已有加热炉和轧钢生产线，学徒在校完成系统模拟运行的学习，然后以师带徒的形式，采用“任务驱动”的方式，分组进行现场系统运行调试，完成“加热炉步进梁定位控制系统调试”和“轧钢生产线裙板分钢控制系统故障诊断与分析”的在岗培养；“主轧机交直流速度波动故障诊断与处理”和“轧线飞剪控制系统参数分析及性能优化”则采用在岗培养的方式完成学习。

充分考虑学徒倒班、业余时间学习、参差不齐的学习基础、实际工作经验不丰富等特点，合理设置教学目的，根据教学情况调整教学进度、教学方法，保证教学质量。

十、课程实施条件

学校有继电接触器控制系统理实一体化实训场所，实训设备的台套数按照每台 1 ~ 2 人进行配比，能保障学徒完成电气控制系统安装和调试基本工作过程训练。企业具有足够工位数、配备有电气控制系统的先进生产设备或自动生产线，保障学徒电气控制系统安装、调试、维护、故障排除和性能优化等实践技能的训练。

学校还可开发电气控制系统网络教学资源，实现资源共享，达到学徒自学及终身学习的目的。

十一、教学评价

课程的教学评价主要由学校评价和企业评价构成，见表2－16。学校评价中面试包括考勤、提问和课堂表现等；任务考核包括实验情况、实验报告、作业、网络课程学习情况和测试等。企业评价中试包括考核面谈、问题分析讨论、汇报等；任务考核包括量化工作、综合测评、能力测试和网络课程学习情况等；业绩考核包括工作量、工作效率、工作质量、技术技能培训和技能竞赛等。

表2－16　电气控制系统应用与故障处理课程教学评价

学校评价		企业评价	
评价方式	占比	评价方式	占比
笔试	10%	笔试	0%
面试	10%	面试	10%
任务考核	20%	任务考核	10%
—	—	业绩考核	40%
小计	40%	小计	60%
合计	100%		

电气控制系统应用与故障处理课程内容结构详见图2－8。

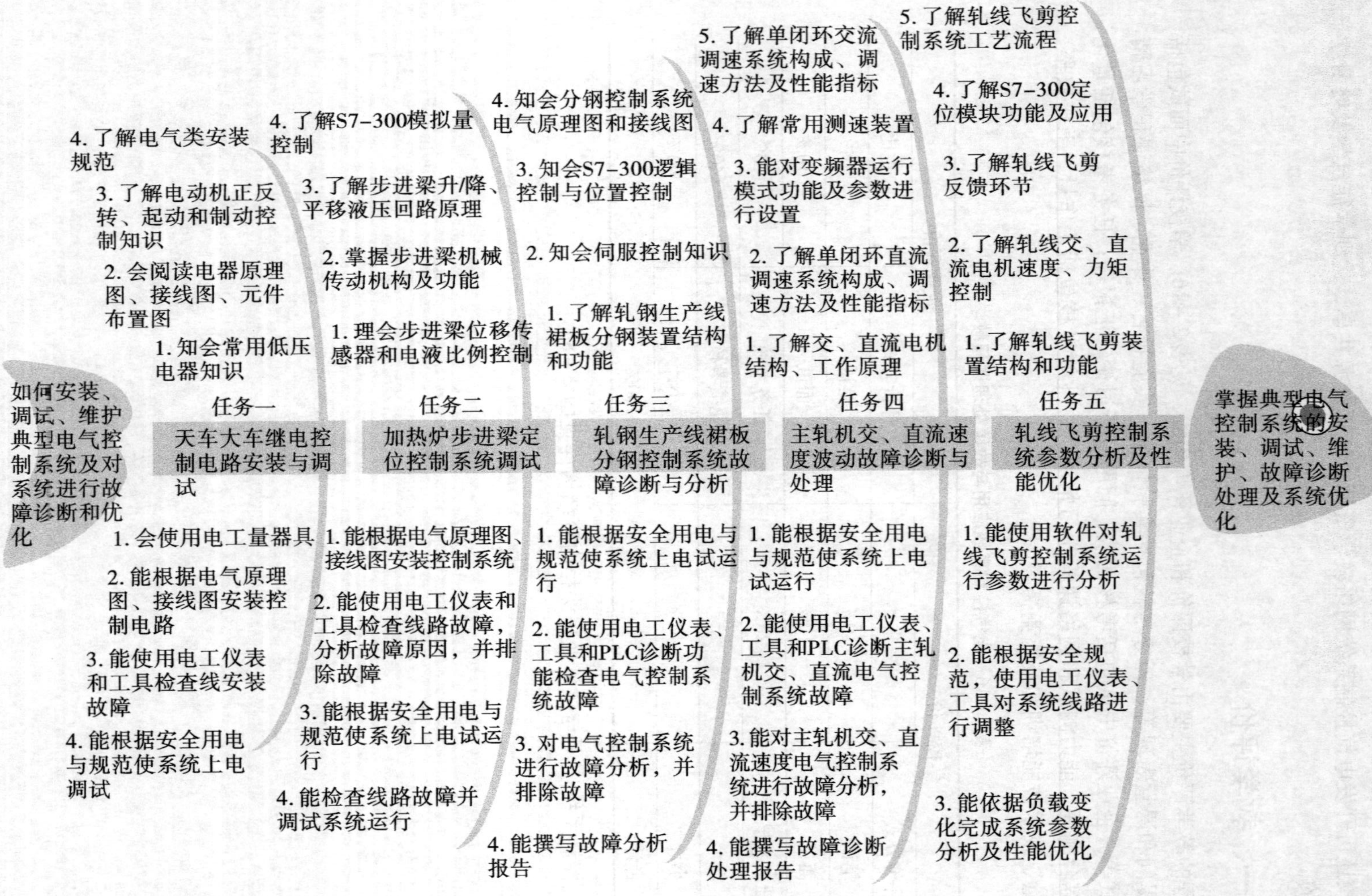

图 2-8　电气控制系统应用与故障处理课程内容结构

撰稿人：广东松山职业技术学院　魏志丽
宝钢集团广东韶关钢铁有限公司　胡占民

学徒岗位能力课程：机床机械拆装与精度调整课程标准（三年制）

一、课程名称

机床机械拆装与精度调整。

二、适用专业及面向岗位

本课程适用于机电设备维修与管理专业，又适用于机电一体化技术、数控机床装调与维修等专业，面向机械维修、数控机床维修和自动线维修等岗位。

三、课程性质

本课程为学徒岗位能力课程，是本专业的限选课程，主要以企业的实岗技能实践为主，以学校的理论教学和技能实训为辅的教学方式，与装配钳工、机修钳工（中级、高级）国家职业资格考核相关内容相融合，属于校企合作完成课程。

四、课程设计

以本专业职业能力分析表为依据，形成了“拆装、维修机床机械系统”典型工作任务，构建了课程的内容，本课程以工作任务为主线进行课程设计。

本课程典型工作任务分解为“机床机械拆装”和“调整机床精度”2 个任务。将“机床机械拆装”任务转化为“机床电动方刀架和刀库的拆装”“数控铣床十字滑台的拆装”“Z3040 摇臂钻床夹紧装置的拆装及调整”“CA6140 卧式车床进给传动装置的拆装”“CA6140 卧式车床主轴箱部件拆装”5 个学习模块；“调整机床精度”任务转化为“机床几何精度的检测与调整”1 个学习模块。这 6 个学习模块采用循序渐进的方式，根据典型通用机床和数控机床的装配图及机床精度要求，完成了机床各典型机械零部件、装置以及整机的拆卸、安装和精度调整，先在校内完成模拟培训，再到企业开展岗位培养。

五、课程教学目标

（一）认知目标

（1）分析机械设备技术文献、设备主要部件功能及装配图。
（2）掌握机械零件拆卸的规则和要求。
（3）掌握机床机械常用的拆卸方法。
（4）了解互换性基本概念、尺寸精度、形状和位置精度、表面粗糙度及测量技术基础等。

（5）总结轴承、键、导轨和齿轮等典型零件的精度标准。

（二）能力目标

（1）能独立读懂典型部件、机床整机装配图。

（2）能通过装配图的要求制定典型部件、机床整机的拆、装工艺规程，编制拆、装工艺卡。

（3）能正确选择和规范使用机械设备拆装工量器具。

（4）能正确使用工量器具。

（5）能根据精度要求对机床整机、典型部件进行检测、调整。

（6）能根据机床各几何精度的变化，分析零件的加工精度。

（三）情感目标

（1）有精益求精的工匠精神，对问题的预判能力，善于发现问题和反映问题，掌握解决问题的技巧及方法。

（2）关注行业发展新动态，能结合岗位实际深入钻研，运用先进的工具和方法，开展安全预防工作。

（3）具有自主学习的意识，具备革新创新的意识和思维，并具备吃苦耐劳不怕脏的工作精神。

（4）爱护使用、保管、保养工量具，按要求整齐，有序地摆放，不堆放、混放。

（5）遵守岗位安全操作规程，具备安全责任意识。

六、参考学时与学分

参考学时：108 学时。

参考学分：6 学分。

七、课程结构（见表2－17）

表2－17　机床机械拆装与精度调整课程结构

序号	学习模块	对接典型工作任务及职业能力要求	知识、技能、态度要求	教学活动设计	学时
1	机床电动方刀架和刀库的拆装	01－01－04 02－01－05 07－03－03 11－01－04 11－01－05 33、34、36 37、46－01 46－02 47－01－04 47－04－04 69－06	①识读电动方刀架和刀库装配图。 ②能独立编制工艺卡。 ③能正确选择和规范使用机械设备拆装工具、器具及辅助装备。 ④能制作拆装辅助器具、装备。 ⑤能独立完成刀架和刀库的拆装。 ⑥能严格遵守装配工艺规程	1. 接受拆装任务（1学时） ①认识机床电动方刀架和刀库； ②掌握机床电动方刀架和刀库的功用； ③分析方刀架各组件、机构的安装技术要求。 2. 制订拆装计划（2学时） ①制定拆装任务明细表； ②编制拆装时间安排表； ③拟定刀架和刀库拆装工艺，编制工艺卡。 3. 拆装准备（2学时） ①清理作业场地卫生； ②准备拆装工具，并会正确使用； ③制作拆装辅助器具、装备。 4. 拆卸电动刀架和刀库（5学时） ①完成电动刀架和刀库的拆卸； ②清理和清洗已拆卸零部件； ③记录拆卸过程的异常情况。 5. 安装、调试电动方刀架和刀库（6学时） ①完成电动方刀架和刀库的安装； ②记录安装过程的异常情况； ③检验电动方刀架和刀库是否正常工作； ④调试方刀架和刀库。 6. 评估与反馈（2学时） ①进行自评、互评； ②撰写拆装总结报告	18

续上表

序号	学习模块	对接典型工作任务及职业能力要求	知识、技能、态度要求	教学活动设计	学时
2	数控铣床十字滑台的拆装	01-01-04 02-01-05 07-03-03 11-01-04 11-01-05 33、34、36 37、46-01 46-02 47-01-04 47-04-04 49-01-04	①掌握数控铣床十字滑台结构及作用相关知识。 ②识读数控铣床十字滑台装配图。 ③能独立拟定拆装工艺。 ④能正确选择和规范使用机械设备拆装工具、器具及辅助装备。 ⑤会拆卸十字滑台的工作台、滚动直线导轨、滚珠丝杠等零部件。 ⑥能独立安装、调试十字滑台的工作台、滚动直线导轨、滚珠丝杠等零部件。 ⑦具备吃苦耐劳不怕脏的工作精神	1. 接受拆装任务（1学时） ①掌握数控铣床十字滑台结构及各零部件作用； ②识读数控铣床十字滑台装配图； ③分析十字滑台各组件、机构的安装技术要求。 2. 制订拆装计划（2学时） ①制定拆装任务明细表； ②编制拆装时间安排表； ③拟定十字滑台拆装工艺，编制工艺卡。 3. 拆装准备（1学时） ①清理作业场地卫生； ②准备拆装工具，并会正确使用； ③准备拆装辅助器具、装备。 4. 拆卸数控铣床十字滑台（3学时） ①完成数控铣床十字滑台的拆卸； ②清理和清洗已拆卸的零部件； ③记录拆卸过程的异常情况。 5. 安装数控铣床十字滑台（4学时） ①完成数控铣床十字滑台的安装； ②记录安装过程的异常情况； ③检验数控十字滑台是否正常工作； ④调试数控十字滑台。 6. 评估与反馈（1学时） ①进行自评、互评； ②撰写拆装总结报告	12

续上表

序号	学习模块	对接典型工作任务及职业能力要求	知识、技能、态度要求	教学活动设计	学时
3	Z3040摇臂钻床夹紧装置的拆装及调整	01-01-04 02-01-05 02-01-06 07-03-03 11-01-04 11-01-05 33、34、36 37、46-01 46-02 47-01-05 47-04-05 69-03-04	①识读立柱、主轴箱和摇臂的夹紧装置安装图。 ②掌握编制工艺卡方法。 ③能正确选择和规范使用机械设备拆装工具、器具及辅助装备。 ④制作拆装的辅助器具、装备。 ⑤能独立拆卸立柱夹紧装置、主轴箱夹紧装置和摇臂夹紧装置。 ⑥能安装、调试立柱夹紧装置、主轴箱夹紧装置、摇臂夹紧装置。 ⑦关注行业发展新动态，能结合岗位实际深入钻研，选用先进的工具和方法	1. 接受拆装任务（1学时） ①掌握Z3040摇臂钻床各夹紧装置的零部件及功用； ②识读立柱、主轴箱和摇臂的夹紧装置装配图。 2. 制订拆装计划（2学时） ①制定拆装任务明细表； ②编制拆装时间安排表； ③拟定Z3040摇臂钻床夹紧装置拆装工艺，编制工艺卡。 3. 拆装准备（1学时） ①清理作业场地卫生； ②准备拆装工具、器具，并会正确使用； ③制作拆装辅助器具、装备。 4. 拆卸Z3040摇臂钻床夹紧装置（3学时） ①完成立柱夹紧装置、主轴箱夹紧装置和摇臂夹紧装置的拆卸； ②清理和清洗已拆卸零部件； ③记录拆卸过程的异常情况。 5. 安装Z3040摇臂钻床夹紧装置（4学时） ①完成立柱夹紧装置、主轴箱夹紧装置、摇臂夹紧装置的安装； ②记录安装过程的异常情况； ③检验夹紧装置是否正常工作； ④调试各夹紧装置。 6. 评估与反馈（1学时） ①进行自评、互评； ②撰写拆装总结报告	12

续上表

序号	学习模块	对接典型工作任务及职业能力要求	知识、技能、态度要求	教学活动设计	学时
4	CA6140卧式车床进给传动装置的拆装	01-01-04 02-01-05 07-03-03 11-01-04 11-01-05 33、34、36 37、46-01 46-02 47-01-04 47-04-04 49-01-04 69-04	①掌握车床传动装置结构及原理。 ②识读进给传动装置安装图。 ③拟定拆装工艺，编制工艺卡。 ④能正确选择和规范使用机械设备拆装工具、器具及辅助装备。 ⑤制作拆装的辅助器具、装备。 ⑥能独立拆卸进给传动装置中的进给箱、溜板箱、丝杠及光杆。 ⑦能独立安装、调试进给传动装置。 ⑧主动学习新技术、新工艺、新设备、新知识、新标准	1. 接受拆装任务（1学时） ①掌握CA6140卧式车床进给传动装置各零部件及其功用； ②识读车床进给传动系统图。 2. 制订拆装计划（2学时） ①制定拆装任务明细表； ②编制拆装时间安排表； ③拟定CA6140卧式车床进给传动装置拆装工艺，编制工艺卡。 3. 拆装准备（1学时） ①清理作业场地卫生； ②准备拆装工具、器具及辅助装备，并会正确使用； ③制作拆装辅助器具、装备。 4. 拆卸CA6140进给传动装置（3学时） ①完成进给传动装置中的进给箱、溜板箱、丝杠及光杆的拆卸； ②清理和清洗已拆卸零部件； ③记录拆卸过程的异常情况。 5. 安装CA6140进给传动装置（4学时） ①完成CA6140进给传动装置的安装； ②记录安装过程的异常情况； ③检验进给传动装置是否正常工作； ④调试进给传动装置。 6. 评估与反馈（1学时） ①进行自评、互评； ②撰写拆装总结报告	12

续上表

序号	学习模块	对接典型工作任务及职业能力要求	知识、技能、态度要求	教学活动设计	学时
5	CA6140卧式车床主轴箱部件拆装	01-01-04 02-01-05 07-03-03 11-01-04 11-01-05 33、34、36 37、46-01 46-02 47-01-04 47-04-04 69-06	①掌握车床主轴箱的组成。 ②识读主轴箱部件装配图。 ③拟定拆装工艺，编制工艺卡。 ④正确选用拆装工具、器具及辅助装备。 ⑤能独立制作拆装的辅助器具、装备。 ⑥能安装主轴部件。 ⑦具备对问题的预判能力，善于发现问题和反映问题，掌握解决问题的技巧及方法	1. 接受拆装任务（1学时） ①掌握CA6140卧式车床主轴箱的组成及功用； ②识读主轴箱部件装配图； ③分析进给传动装置各组件、机构的安装技术要求。 2. 制订拆装计划（2学时） ①制定拆装任务明细表； ②编制拆装时间安排表； ③拟定CA6140卧式车床主轴箱部件拆装工艺，编制工艺卡。 3. 拆装准备（2学时） ①清理作业场地卫生； ②准备拆装工具、器具及辅助装备，并会正确使用； ③制作拆装辅助器具、装备。 4. 拆卸CA6140主轴箱部件（5学时） ①完成CA6140主轴箱部件的拆卸； ②清理和清洗已拆卸零部件； ③记录拆卸过程的异常情况。 5. 安装CA6140主轴箱部件（7学时） ①完成CA6140进给传动装置的安装； ②记录安装过程的异常情况； ③检验主轴箱是否正常工作； ④调试主轴箱部件。 6. 评估与反馈（1学时） ①进行自评、互评； ②撰写拆装总结报告	18

续上表

序号	学习模块	对接典型工作任务及职业能力要求	知识、技能、态度要求	教学活动设计	学时
6	机床几何精度的检测与调整	03-01-07 03-04-09 33-03 34-03-04 34-03-05 34-04-13 47-05、51-03 69-08-07	①掌握水平仪、百分表、千分表、自准直仪、游标卡尺、深度尺、千分尺、公法线游标卡尺等量具、量仪的使用方法。 ②正确选用各种检测芯棒、桥板、平尺等检测辅具。 ③掌握机床各几何精度。 ④能独立检测跳动、端面跳动和轴向窜动等几何精度。 ⑤能检测、调整机床水平。 ⑥爱护使用、保管、保养工量具，按要求整齐、有序地摆放，不堆放、混放	1. 接受几何精度检测与调整任务（2学时） ①分析机床各几何精度含义及功用； ②掌握水平仪、百分表、千分表、自准直仪、游标卡尺、深度尺、千分尺、公法线游标卡尺等量具、量仪的使用方法。 2. 制订几何精度检测与调整计划（4学时） ①制定机床几何精度的检测与调整任务明细表； ②编制几何精度的检测与调整时间安排表。 3. 几何精度检测与调整准备（2学时） ①准备检测与调整的量具、量仪，并会正确使用； ②准备检测辅具。 4. 检测、调整几何精度（24学时） ①检测、调整机床主轴径向跳动、端面跳动和轴向窜动； ②检测、调整车床主轴轴线与尾座顶尖中心线的等高； ③检测、调整车床主轴轴线与纵向导轨的平行度； ④检测、调整车床主轴轴线与横向导轨的垂直度； ⑤检测、调整铣床主轴轴线与工作台的垂直度； ⑥检测、调整铣床主轴轴线与X轴、Y轴的垂直度以及与Z轴的平行度； ⑦检测、调整铣床X轴、Y轴、Z轴三轴相互间的垂直度； ⑧记录拆卸过程的异常情况。 5. 评估与反馈（4学时） ①进行自评、互评； ②撰写机床几何精度的检测与调整总结报告	36
合计					108

注：“职业能力”栏目下的课程职业能力编码与本书附录“1. 现代学徒制机电设备维修与管理专业职业能力分析表”的编码对应。

八、资源开发与利用

（一）教材编写与使用

教材编写围绕课程设计思路，由课程专家和企业行业专家共同开发编写，以机械维修、数控机床维修和自动线维修等岗位有关机床拆装与精度调理为主线设计教材结构。对接职业能力分析项目、任务及职业能力要求，合理设计模块，遵循特色原则，着力体现现代学徒制特色、行业和学科特色；遵循实用原则，注重理论和实践相结合，突出适用、实用的特点。学习模块可根据教学需要进行增减。在教材选用方面，优先推荐行业专家编写教材、企业内部编制教材。

（二）数字化资源开发与利用

围绕本课程典型工作任务为主要内容设计数字化资源，以视频、微课、演示文稿、文档和动画等为主要形式，包括电子教案、教学课件、自学指导手册、实训指导书、试题库和互动平台等。

利用校内实验实训等现有设备条件，联合企业内部网络培训课程，建设专业教学资源库、精品在线开放课程，实现校企共享。

（三）企业岗位培养资源的开发与利用

利用企业机床设备资源，开发专用机电设备安装调试教学模块，进行理实一体化教学，使学徒能解决生产实际中遇到的机床设备安装调试、故障查找及排除等方面的问题，形成解决生产实际问题的能力。充分利用企业设备，开展在岗培养，引导学徒进行在岗技术创新。

九、教学建议

对接岗位能力需求，利用企业、学校双重资源，推行“教、学、做合一”的教学模式，开展以“任务驱动、项目导向”等有助于培养学生职业能力的教学方式。对于机床拆装、检测及精度调整等理论性较强的基本知识和概念，在学校理实一体化教学，教学时间不超过 36 学时；对于实践性强的学习模块，利用企业现有的设备资源条件，在企业进行现场教学，教学时间不超过 72 学时。

充分考虑学徒倒班、业余时间学习等实际情况，利用校企的课程网络平台，引导学生自主学习，网络教学时间不得超过 45 学时；考虑学徒参差不齐的学习基础、利用学徒实际工作经验丰富等特点，根据教学需要，合理分配学校与企业教学学时，灵活调整教学进度，保证教学质量。

十、课程实施条件

学校应配有普通卧式车床、数控车床、数控铣床以及加工中心设备的理实一体化实训教学场所，实训设备的台套数按照每台1~2人进行配比，能保障学徒完成机床拆装与精度调整的技能训练。企业有足够工位数，有先进生产设备或生产线等，保障学徒专业实践和技能训练。

十一、教学评价

课程的教学评价主要由学校评价、企业评价和第三方评价构成，见表2-18。其中，如学徒取得装配钳工、机修钳工（中、高级）国家职业资格证，可以证代考。学校评价中面试包括考勤、提问和课堂表现等；任务考核包括实验、网络课程学习情况和测试等。企业评价中面试包括考核面谈、问题分析讨论等；任务考核包括量化工作、综合测评、能力测试和网络课程学习情况等；业绩考核包括工作量、工作效率、工作质量、技术技能培训和技能竞赛等。

表2-18 机床机械拆装与精度调整课程教学评价

学校评价		企业评价		第三方评价	
评价方式	占比	评价方式	占比	评价方式	占比
笔试	10%	面试	10%	技能鉴定	100%
面试	5%	任务考核	20%		
任务考核	15%	业绩考核	40%		
小计	30%	小计	70%		
合计	100%			合计	100%

机床机械拆装与精度调整课程结构见图2-9。

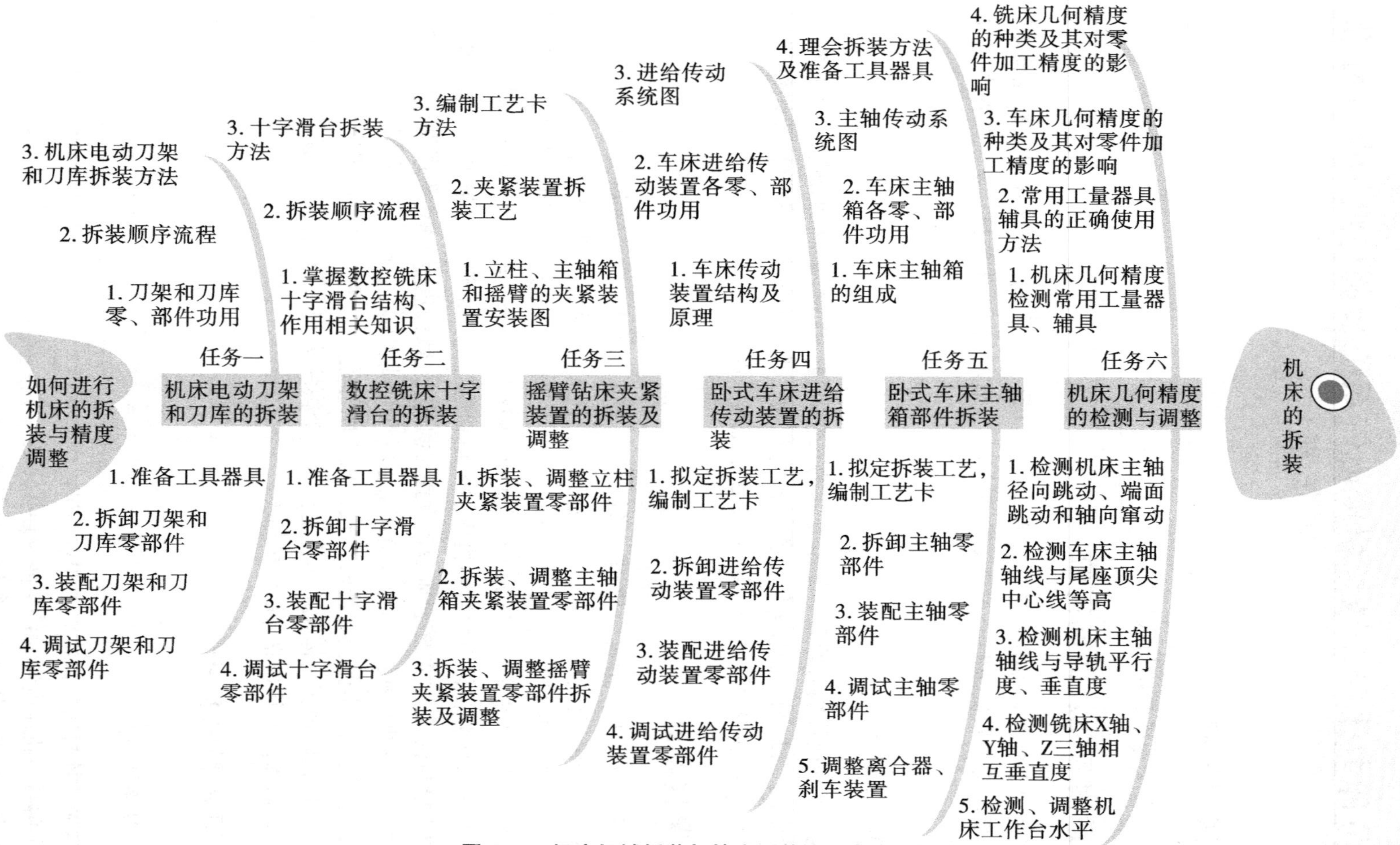

图 2-9 机床机械拆装与精度调整课程内容结构

撰稿人：广东松山职业技术学院 黄义营
宝钢集团广东韶关钢铁有限公司 陈锦辉

学徒岗位能力课程：数控机床电气系统装调与维护课程标准（三年制）

一、课程名称

数控机床电气系统装调与维护。

二、适用专业及面向岗位

本课程适用于机电设备维修与管理专业，又可适用于机电一体化技术、数控技术、数控设备应用与维护和机械制造与自动化等专业，面向数控机床维修、电气维修和自动线维修等岗位。

三、课程性质

本课程为学徒岗位能力课程，是本专业的限选课程。课程以学校的理实一体化教学为主要教学手段，以学徒工作岗位工作实操为辅助，教学内容与国家数控装调维修工（中级、高级）考核内容相融合，属于校企合作完成课程。

四、课程设计

以本专业职业能力分析表为依据，形成了“安装、调试、维修数控机床电气系统”典型工作任务，构建了课程的内容，本课程以工作任务为主线进行课程设计。

本课程典型工作任务可分解为“设计与制作数控机床强电控制回路”“联接与调试数控机床控制系统”“设计与调试数控机床 PMC 程序”“排查与维修数控机床故障”4 个任务。将 4 个工作任务转化为“数控机床主电路和控制电路的设计与制作”“数控机床控制系统的连接与调试”“数控机床参数设置与调试”“数控机床 PMC 程序设计与调试”“数控机床的故障诊断与维修”“数控机床机电联调与试切加工”6 个学习模块。

其中前 4 个模块采用循序渐进的方式，从“硬件连接”到“参数设置”，再递进到“设计调试”，以校内理实一体化培养为主。后 2 个模块为交叉衔接的学习模块，在校内完成集中讲解训练，再到企业开展岗位培养。

五、课程教学目标

（一）认知目标

（1）掌握数控机床装调维修工职业标准。
（2）了解数控机床电气元件功能及连接工艺。
（3）分析变频器工作原理及参数设置方法。

（4）选择数控机床 PMC 功能指令用法及编程方法。
（5）分析数控机床电气系统工作原理。

（二）能力目标

（1）能识读完整的数控机床控制电气系统原理图。
（2）能根据电气原理图和安装图，配作数控电柜。
（3）能完成 CNC 上电和伺服上电。
（4）读懂伺服设定和监控页面。
（5）能配置系统参数、进给参数和主轴参数等。
（6）能按步骤进行机床参考点的设置与调整，能进行各轴行程极限点的设置，能进行参考点故障分析。
（7）能识读、编辑梯形图，应用 PMC 程序及监控界面查找故障。
（8）能诊断排除数控机床电气故障。

（三）情感目标

（1）具备对问题的预判能力，能发现问题和解决问题，掌握解决问题的技巧及方法。
（2）关注行业发展新动态、能结合岗位实际深入钻研、运用先进的工具和方法，进行技术创新。
（3）运用计算机数据处理软件，并选取恰当的工具和方法，对数据进行准确处理，能运用计算分析结果，分析工作现状和任务。
（4）遵守岗位安全操作规程，具备安全责任意识。

六、参考学时与学分

参考学时：126 学时。
参考学分：7 学分。

七、课程结构（见表2-19）

表2-19 数控机床电气系统装调与维护课程结构

序号	学习模块	对接典型工作任务及职业能力要求	知识、技能、态度要求	教学活动设计	学时
1	数控机床主电路和控制电路的设计与制作	48-01 48-02-01 48-02-02 48-02-03 48-02-04 48-02-09 48-02-10 48-02-11 48-02-1 48-03 48-04 69-01 69-05-07 69-08	①了解数控机床主电路和控制电路构成。 ②掌握各电器元件功能及连接工艺。 ③能阅读电气原理图及安装图。 ④能认识数控机床主电路和控制电路的电气元件。 ⑤能设计与制作数控机床主电路和控制电路。 ⑥遵守岗位安全操作规程	1. 接受设计与制作任务（2学时） ①明确数控机床主电路和控制电路的功能、电气工作原理； ②明确数控机床主电路和控制电路的设计制作标准和要求。 2. 制订工作计划（3学时） ①确定数控机床主电路和控制电路主要构成； ②数控机床主电路和控制电路运行标准。 3. 设计与制作准备（4学时） ①电工仪表和工具的使用； ②电气控制系统设计与制作规范。 4. 主电路和控制电路设计（6学时） ①数控机床主电路设计； ②数控机床控制电路设计。 5. 制作（6学时） ①数控机床主电路制作； ②数控机床控制电路制作； ③数控机床主电路与控制电路验收。 6. 评估与反馈（3学时） ①进行自评、互评； ②撰写设计与制作总结	24

续上表

序号	学习模块	对接典型工作任务及职业能力要求	知识、技能、态度要求	教学活动设计	学时
2	数控机床控制系统的连接与调试	48－01－09 48－01－10 48－02－07 48－02－08 48－04－12 48－04－13 48－05－10 48－05－11 69－04	①掌握数控机床控制系统工作原理。 ②掌握 CNC、驱动器和 I/O 模块等模块接口含义。 ③能够完成 CNC、驱动器、I/O 模块和变频器等各模块之间的硬件连接。 ④能正确完成 CNC 上电和伺服上电。 ⑤能查找数控机床控制系统连接故障点。 ⑥具有自主学习的意识、具备革新创新意识和思维，并具有吃苦耐劳不怕脏的精神，遵守岗位安全操作规程，具备安全责任意识	1. 接受连接与调试任务（2 学时） ①明确数控机床控制系统的功能、电气工作原理； ②明确数控机床控制系统的连接与调试要求及标准。 2. 制订连接与调试计划（2 学时） ①确定数控机床控制系统主要构成； ②确定数控机床控制系统运行标准。 3. 设计与制作准备（2 学时） ①电工仪表和工具的使用； ②数控机床控制系统规范。 4. 数控机床控制系统连接（2 学时） ①数控机床控制系统模块间连接； ②数控机床控制系统模块与驱动器、变频器之间的连接。 5. 调试（3 学时） ①数控机床控制系统电路调试； ②数控机床控制系统运行性能调试； ③数控机床控制系统连接与调试验收。 6. 评估与反馈（1 学时） ①进行自评、互评； ②撰写连接与调试总结	12

续上表

序号	学习模块	对接典型工作任务及职业能力要求	知识、技能、态度要求	教学活动设计	学时
3	数控机床参数设置与调试	48－05－03 48－05－04 48－05－07 48－05－08 48－05－09 48－05－12 48－05－13 48－05－14 69－06－04 69－09	①了解数控机床参数设置方法。 ②能够查阅数控系统、伺服驱动器、步进细分驱动器和变频器参数说明书。 ③会根据控制要求，设置和保存相关参数。 ④能设置控制系统、进给系统、主轴系统、换刀点、主轴定向准停及PMC参数。 ⑤会查阅英语说明书，能看懂数控机床英文界面。 ⑥具备解决问题的技巧及方法，关注行业发展新动态、能结合岗位实际深入钻研、运用先进的工具和方法，开展安全预防工作	1. 接受参数设置与调试任务（2学时） ①明确数控机床参数设置的方法； ②明确数控机床参数调试的方法及要求。 2. 制订参数设置与调试计划（2学时） ①确定数控机床参数范围； ②确定数控机床系统运行要求。 3. 参数设置与调试准备（2学时） ①数控机床参数说明书； ②数控机床系统参数设置方法。 4. 数控机床参数设置（5学时） ①数控机床控制系统、进给系统等参数设置； ②数控机床主轴系统、PMC参数设置。 5. 调试（6学时） ①数控机床主轴调试； ②数控机床进给系统调试； ③数控机床主参数设置功能验收。 6. 评估与反馈（1学时） ①进行自评、互评； ②撰写参数设置与调试总结	18

续上表

序号	学习模块	对接典型工作任务及职业能力要求	知识、技能、态度要求	教学活动设计	学时
6	数控机床机电联调与试切加工	48－05－01 48－05－02 48－05－05 48－05－06 48－05－20 49 69－03 69－10	①会数控机床的基本操作。 ②能够编写简单加工程序。 ③能够用 CF 卡或网络上传下载 PMC 程序和加工程序。 ④会装夹工件及对刀。 ⑤会加工工件，具备数控机床机电联调能力。 ⑥服从工作安排，有团队协作意识，具有自主学习的意识，具备革新创新意识和思维，并具有吃苦耐劳不怕脏的精神，遵守岗位安全操作规程，具备安全责任意识	1. 接受机电联调与试切加工任务（2学时） ①明确数控机床基本操作； ②明确数控机床机电联调与试切加工的方法及要求。 2. 制订机电联调与试切加工计划（2学时） ①确定数控机床机电联调基本步骤及方法； ②数控机床试切加工内容及要求。 3. 机电联调与试切加工准备（2学时） ①数控机床机电联调与试切加工操作指导文件； ②装调工具、CF卡等。 4. 机电联调（9学时） ①数控机床机电联调； ②数控机床基本操作。 5. 试切加工（8学时） ①加工程序编写及下载； ②装夹工件及对刀； ③工件加工。 6. 评估与反馈（1学时） ①进行自评、互评； ②撰写机电联调与试切加工总结	24
合计					126

注：“职业能力”栏目下的课程职业能力编码与本书附录“1. 现代学徒制机电设备维修与管理专业职业能力分析表”的编码对应。

八、资源开发与利用

（一）教材编写与使用

教材编写以任务为导向，按工作过程设计顺序，兼顾现场岗位工作实际。以数控机床维修、电气维修、自动线维修等岗位数控机床电气系统装调与维护的典型任务为主线设计教材结构。

围绕课程结构表中的学习模块，对接职业能力分析表中项目、任务、职业能力点，结合学校与合作企业条件，适用于学徒岗位学习的模块。教材由课程专家和企业行业专家共同开发编写。在教材选用方面，优先选择行业专家编写教材、企业内部编制教材。

（二）数字化资源开发与利用

遵循方便学徒终身学习、开放式和易于学徒和双导师互动的理念，围绕用学徒岗位，以数控机床电气系统装调与维护为主要内容设计数字化资源，建立可满足“互联网 +”时代教育要求的数字化教学与信息化管理平台、专业教学资源库、精品在线开放课程，实现校内开放、校外共享。

（三）企业岗位培养资源的开发与利用

根据企业数控设备资源，开发数控机床电气系统装调与维护教学模块，进行理实一体化教学，使学徒能解决生产实际中遇到电路连接、参数修改设置、故障查找及排除等方面的问题，培养解决生产实际问题的能力；利用企业设备，开展在岗培养，引导学徒进行在岗技术创新。

九、教学建议

教学形式可采用项目教学、任务教学、现场教学等多种教学方法相结合。对于“数控机床参数设置与调试”和“数控机床 PMC 程序控制设计与调试”理论性较强的模块，以在学校系统性集中讲授，利用校内实训设备进行集中训练为主，以企业在岗培养为辅；对于“数控机床主电路和控制电路的设计与制作”和“数控机床控制系统的连接与调试”模块，以学校理实一体化培养和企业在岗培养并重的方式培养；对于“数控机床的故障诊断与维修”和“数控机床机电联调与试切加工”实操性强的综合模块，以分散学徒工作岗位工作实操为主要教学手段，以学校的理实一体化教学为辅助。校内教学时间不超过 54 学时，企业教学时间不少于 72 学时。

充分考虑学徒倒班、业余时间学习、参差不齐的学习基础、实际工作经验不同等特点，合理设置教学目标，根据教学情况调整教学进度、教学方法，保证教学质量。

十、课程实施条件

学校有数控机床电气系统装调与维护理实一体化实训场所，实训设备的台套数按照每台 1 ~ 2 人进行配比，能保障学徒完成数控机床电气系统装调与维护基本工作过程训练。企业具有足够工位数、配备有先进数控设备，保障学徒专业实践教学和技能训练。

学校还可开发数控机床电气系统装调与维护网络教学资源，实现资源共享，达到学徒自学及终身学习的目的。

十一、教学评价

课程的教学评价主要由学校评价、企业评价和第三方评价构成，见表2－20。其中，如学徒取得数控机床装调维修工（中、高级）以上专业技能证书，可以证代考。学校评价中面试包括考勤、提问和课堂表现等；任务考核包括实验情况、实验报告、网络课程学习情况和测试等。企业评价中面试包括考核面谈、问题分析讨论等；任务考核包括量化工作、综合测评、能力测试和网络课程学习情况等；业绩考核包括工作量、工作效率、工作质量、技术技能培训和技能竞赛等。

表2－20　数控机床电气系统装调与维护课程教学评价表

学校评价		企业评价		第三方评价	
评价方式	占比	评价方式	占比	评价方式	占比
笔试	20%	笔试	0%	技能鉴定	100%
面试	5%	面试	20%		
任务考核	5%	任务考核	10%		
—	—	业绩考核	40%		
小计	30%	小计	70%		
合计	100%			合计	100%

数控机床电气系统装调与维护课程结构见图2－10。

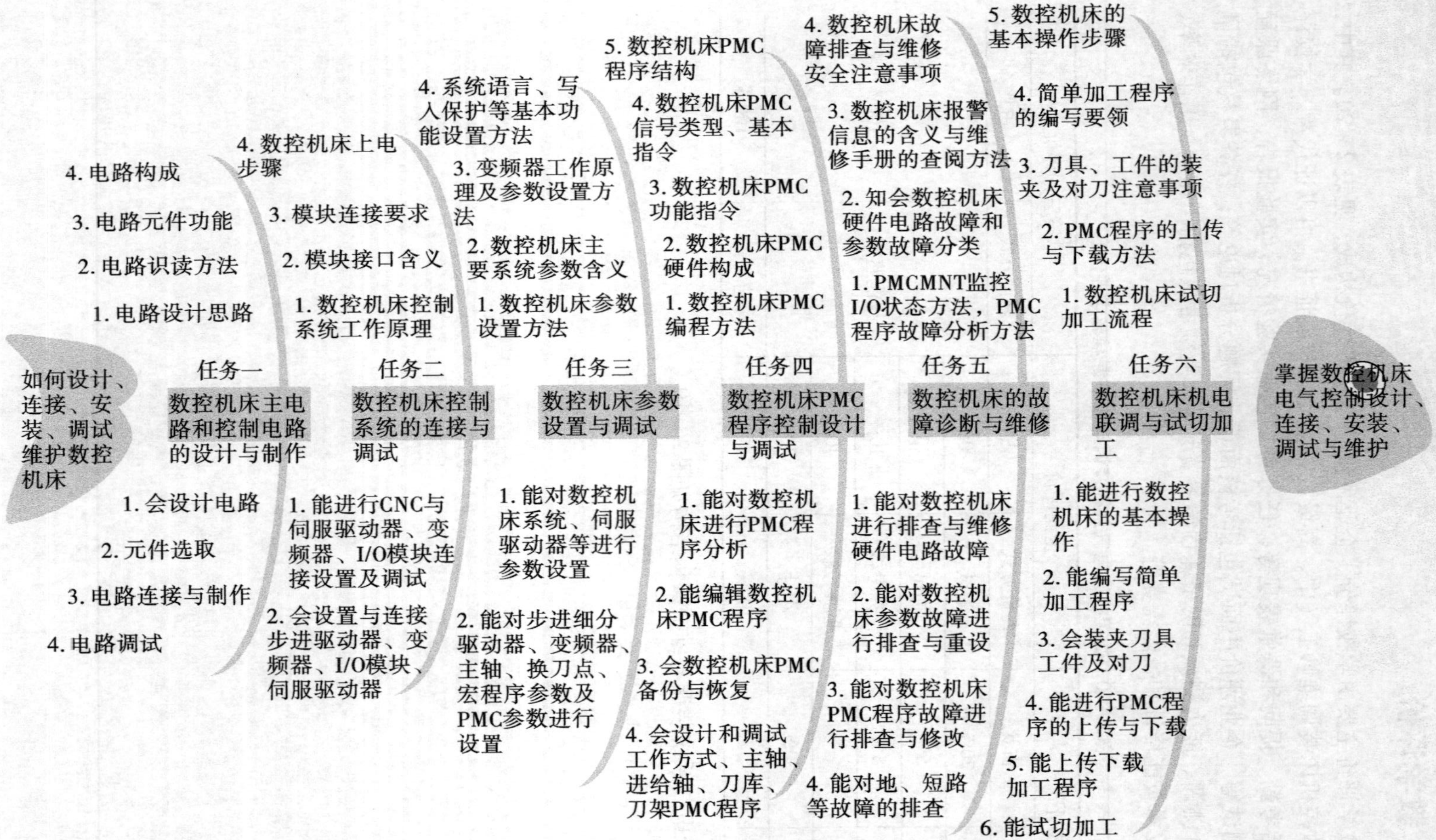

图 2-10 数控机床电气系统装调与维护课程内容结构

撰稿人：广东松山职业技术学院 唐国兰
宝钢集团广东韶关钢铁有限公司 杨成海
深圳发那数控有限公司 刘小涛

学徒岗位能力课程：机电设备运行状态分析与故障诊断课程标准（二/三年制）

一、课程名称

机电设备运行状态分析与故障诊断。

二、适用专业及面向岗位

本课程适用于机电设备维修与管理专业，又可适用于数控设备应用与维护、自动化生产设备应用、黑色冶金技术等专业，面向设备点检管理、数控机床维修和自动线维修等岗位。

三、课程性质

本课程是一门理论与实践相结合的学徒岗位能力课程，主要以企业的实岗技能实践为主，以学校的理论教学和技能实训为辅的教学方式，融合了状态分析和故障诊断两方面的内容，属于校企合作完成课程。本课程具有综合性强、实用性强、应用范围广的特点，是本专业的专业限选课程。

四、课程设计

以本专业职业能力分析表为依据，形成了“关键设备状态分析与处理”典型工作任务，构建了课程的内容，本课程以工作任务为主线进行课程设计。

本课程典型工作任务可分为“采集设备状态数据”“分析设备状态”和“诊断设备故障”3个任务。将“采集设备状态数据”任务转化为“设备状态数据采集和管理”作为基础模块；后2个任务采用循序渐进的方式，将“分析设备状态”任务转化为“离心风机的状态分析”和“减速机的状态分析”2个模块；再将“诊断设备故障”任务转化为“余热发电机故障诊断”“水泵的故障诊断”和“电机状态分析与故障诊断”3个模块。6个学习模块先在校内完成模拟培训，再到企业开展岗位培养。

五、课程教学目标

（一）认知目标

（1）分析设备状态监测的项目及其原理。

（2）辨别各数据所表征的设备状态。

（3）了解设备故障概念、故障类型、故障模式及机理。
（4）了解设备诊断技术的工作原理和工作手段。
（5）总结设备技术状态的评价方法。

（二）能力目标

（1）能正确使用设备状态检测所涉及的工具来采集设备状态数据。
（2）能独立分析设备状态数据，掌握设备的劣化速度和趋势。
（3）能通过分析设备状态数据，判断设备技术状态。
（4）能根据采集的设备状态数据找到设备故障类型与故障点。
（5）能总结故障发展规律，统计分析结果。

（三）情感目标

（1）遵守岗位安全操作规程，保证工作过程零事故、零伤害。
（2）具有高度责任心、能对设备监测与故障诊断工作持之以恒。
（3）熟练使用计算机，能借助通用或专用软件制作设备的状态数据趋势图。
（4）对新技术的应用有一定的学习能力。
（5）不断吸收最前沿的技术，具有精益求精的工匠精神。

六、参考学时与学分

参考学时：126 学时。
参考学分：7 学分。

七、课程结构（见表2-21）

表2-21　机电设备运行状态分析与故障诊断课程结构

序号	学习模块	对接典型工作任务及职业能力要求	知识、技能、态度要求	教学活动设计	学时
1	设备状态数据采集和管理	04-01 08-01 15-03-03 15-03-04 23-04-03 24-01 34-02-07 36-01-05 69-02	①识读振动频谱图等数据图表。 ②能正确采集振动、润滑油样等数据。 ③掌握设备状态监测所需工具的使用方法。 ④记录设备状态数据。 ⑤统计分析设备状态数据。 ⑥选取恰当的工具和方法，准确对数据进行处理，具备基本的数学统计方法	1. 熟悉作业任务（2学时） ①明确设备状态监测的作用； ②理会设备状态监测的原理； ③设备状态监测的方法； ④设备状态监测仪器的原理及其使用方法。 2. 制订设备状态监测计划（4学时） ①确定被监测设备及其重要运行参数； ②确定设备状态监测方法与所需仪器。 3. 准备工作（2学时） ①确定仪器状态正常及配件齐全； ②确定现场具备监测条件。 4. 采集与管理数据（8学时） ①采集振动、温度、油样等数据； ②储存数据； ③制作数据趋势图。 5. 设备状态评价（6学时） ①设备状态数据超标评价； ②设备状态发展趋势； ③零部件寿命评估。 6. 评估与反馈（3学时） ①进行自评、互评； ②撰写总结报告	25

续上表

序号	学习模块	对接典型工作任务及职业能力要求	知识、技能、态度要求	教学活动设计	学时
2	离心风机的状态分析	09-01-02 09-01-03 13-02-02 13-02-03 15-03-04 18-02-01 31-01-04 34-02-02 34-02-04 34-02-08 34-04-02 35-01-02 69-08	①掌握离心风机结构及系统组成相关知识。 ②识读设备结构、安装图纸。 ③掌握振动分析原理。 ④能识别离心风机振动与故障间的关系。 ⑤能按照离心风机振动参数标准判断、分析离心风机的振动状态。 ⑥使用峭度仪甄别轴承状态。 ⑦能遵守检修的安全制度与流程	1. 熟悉工作任务（2学时） ①分析离心风机振动原理； ②认知离心风机的结构组成； ③认知离心风机的状态监测方法与目标。 2. 制订风机状态监测计划（2学时） ①确定离心风机监测所需采集数据； ②确定数据采集所需仪器； ③确定数据采集部位。 3. 准备工作（2学时） ①确定数采仪、红外热成像仪属于正常状态； ②确定现场安全工作条件； ③计算滚动轴承故障频率。 4. 采集数据（4学时） ①采集风机振动数据； ②采集滚动轴承运行数据； ③监测叶片磨损状态。 5. 分析数据（6学时） ①时域分析； ②滚动轴承潜在故障分析； ③转子运行趋势分析； ④叶片磨损分析； ⑤采集判断风机整体运行状态。 6. 评估与反馈（2学时） ①进行自评、互评； ②撰写总结报告	18

续上表

序号	学习模块	对接典型工作任务及职业能力要求	知识、技能、态度要求	教学活动设计	学时
3	减速机的状态分析	10－01－04 14－01－04 24－01－09 24－02－01 24－02－02 24－02－03 24－02－04 24－02－05 69－07－05	①查阅减速机的振动标准。 ②能通过五感的方法判断减速机的状态。 ③掌握齿轮振动的时域谱特点（频率调制、幅值调制）、频谱特点。 ④理会齿轮的包络分析方法。 ⑤分析减速机润滑油的油样。 ⑥会收集信息、甄别信息	1. 熟悉工作任务（1学时） ①认知减速机的原理与结构； ②认知减速机的状态监测方法与目标。 2. 制订减速机状态监测计划（2学时） ①确定减速机运行监测参数； ②确定减速机所需数据采集； ③确定数据采集所需仪器； ④确定润滑油采集点。 3. 准备工作（2学时） ①计算齿轮啮合频率； ②减速机齿轮包络调解频率； ③准备润滑油采集工具。 4. 数据采集（4学时） ①采集整机振动数据； ②采集高频率振动数据； ③采集润滑油油样。 5. 分析数据（6学时） ①时域、频域分析； ②包络调解分析； ③铁谱、硅谱分析； ④评价减速机振动现状； ⑤评价减速机运行趋势。 6. 评估与反馈（2学时） ①进行自评、互评； ②撰写总结报告	17

续上表

序号	学习模块	对接典型工作任务及职业能力要求	知识、技能、态度要求	教学活动设计	学时
4	余热发电机故障诊断	04-01-07 07-05-09 08-01-12 13-01-10 14-01-05 14-01-06 14-03-01 14-03-02 16-03-01 16-03-02	①掌握余热发电机的工作原理与结构。 ②识读余热发电机转子故障的振动图谱。 ③掌握滑动轴承润滑油样的成分、颗粒粒度、颗粒形状与故障的关系。 ④掌握电气设备接头的红外成像特点。 ⑤掌握超声波的检测方法。 ⑥具有综合处理信息能力	1. 熟悉工作任务（2学时） ①理会余热发电机的工作原理、结构与常见故障； ②区别柔性转子与刚性转子； ③区别电频率故障与转动频率故障。 2. 制订余热发电机状态监测计划（2学时） ①固定式状态监测系统； ②便携式状态监测所需采集的参数及仪器； ③启停车过程分析。 3. 准备工作（2学时） ①获取转子共振频率及共振区宽度； ②准备仪器和工具。 4. 采集数据（4学时） ①采集电气接头热成像数据； ②采集润滑油油样； ③采集气体泄露超声波监测状态数据； ④采集启停车过程振动数据。 5. 分析数据（6学时） ①分析电气接头温度分布与可能的故障源； ②分析润滑与磨损状态，并根据磨粒状态判断故障源； ③分析余热系统内泄露状态； ④评价滑动轴承润滑状态及相应程度； ⑤寻找0至3 000 r/min全过程故障。 6. 评估与反馈（2学时） ①进行自评、互评； ②撰写总结报告	18

续上表

序号	学习模块	对接典型工作任务及职业能力要求	知识、技能、态度要求	教学活动设计	学时
5	水泵的故障诊断	18－03－01 18－03－02 23－02－01 50－02－02 50－02－03 50－02－04	①掌握水泵的类型及结构。 ②水泵的安装方式与结构刚度。 ③分析叶片类转子的故障频谱特点。 ④掌握采用立式结构的设备的振动特点。 ⑤分析流体设备的振动特点。 ⑥具有高度责任心、能对设备监测与故障诊断工作持之以恒	1. 熟悉工作任务（2 学时） ①理会水泵的工作原理、结构与常见故障； ②理会水质对水泵故障的影响。 2. 制订水泵状态监测计划（2 学时） ①确定水泵运行监测参数； ②确定水泵所需数据采集； ③确定数据采集所需仪器。 3. 准备工作（2 学时） ①计算叶片类转子的通过频率； ②准备仪器和工具。 4. 采集数据（4 学时） ①采集位移振动数据； ②采集水泵加速度振动数据； ③采集立式水泵低刚度区振动数据。 5. 分析数据（6 学时） ①分析水泵叶片结垢程度； ②分析水泵大位移故障的原因； ③分析水泵紊流、气蚀与流体系统的匹配性振动； ④评价水泵运行状态； ⑤评价水泵运行趋势和大致的水质问题。 6. 评估与反馈（2 学时） ①进行自评、互评； ②撰写总结报告	18

续上表

序号	学习模块	对接典型工作任务及职业能力要求	知识、技能、态度要求	教学活动设计	学时
6	电机状态分析与故障诊断	10－01－05 10－01－06 15－03－03 15－03－04 50－02－01 69－08	①掌握电机工作原理、结构、电机转速与工作频率的关系。 ②掌握三相电机常见故障的机理与振动频谱特点。 ③能根据振动频谱图找到相对应的故障点。 ④掌握电机电流监测与电能质量分析。 ⑤能按照标准进行电机绝缘监测。 ⑥遵守岗位安全操作规程	1. 熟悉工作任务（2 学时） ①理会电机工作原理、结构； ②理会电气故障与机械故障； ③变频调速的振动特点。 2. 制订电机状态监测计划（2 学时） ①确定电机运行监测参数； ②确定电机所需数据采集； ③确定电机采集所需仪器。 3. 准备工作（2 学时） ①计算电机轴承故障频率； ②确定各仪器状态正常； ③确定现场安全条件。 4. 采集数据（2 学时） ①听诊轴承故障； ②采集电气接头温度数据； ③采集电能质量数据； ④采集振动数据。 5. 分析数据（2 学时） ①分析电气接头温度； ②感官判断轴承故障； ③分析电能质量与电气故障； ④评价电气接头可靠性； ⑤判断电气部分的潜在风险； ⑥判断机械部分的可靠性。 6. 评估与反馈（2 学时） ①进行自评、互评； ②撰写总结报告	30
合计					126

注：“职业能力”栏目下的课程职业能力编码与本书附录“1. 现代学徒制机电设备维修与管理专业职业能力分析表”的编码对应。

八、资源开发与利用

（一）教材编写与使用

教材要紧紧围绕专业人才培养目标，以任务为导向，按工作过程设计，兼顾现场岗位实际工作条件进行编写。教材内容应遵循特色原则，着力体现现代学徒制特色、行业和学科特色；以齿轮减速机、离心风机等企业常用设备为载体，设计以岗位技能为中心、以现场问题为导向的、以解决问题为目标的学习模块；遵循校企合作原则，教材由课程专家和企业、行业专家共同开发编写。学习模块可根据教学需要进行增减。优先推荐行业专家编写教材、企业内部编制教材。

（二）数字化资源开发与利用

遵循以便于教师教学、便于学徒自学理念，围绕以机电设备运行状态分析与故障诊断为主要内容设计数字化资源，以视频、微课、动画等为主要形式，包括电子教案、教学课件、实训指导书和互动平台等。

建立减速机、电机等设备常见故障的数据库等，联合企业内部员工培训课程，进行资源整合，建设教学资源库、精品在线开放课程，实现校企共享。

（三）企业岗位培养资源的开发与利用

根据企业内部开展的职业培训资源、企业导师丰富的技术经验以及企业编制的专业教材等，提炼更具有代表性的实际案例，开发具有普适性的学习模块，开展在岗培养，引导学徒进行在岗技术创新。

九、教学建议

教学形式可采用项目教学、任务教学、现场教学等多种教学方法相结合。对振动理论、分析原理等理论性较强的理论知识进行集中讲授，再利用校内的实训基地进行任务模拟训练，对采集数据等操作性较强的内容，利用企业现有的设备资源条件，在企业进行现场教学，教学时间不超过 90 学时，培养学徒的实际动手能力，以达到现代学徒制的培养目标。

充分考虑学徒倒班、业余时间学习等实际情况，利用校企的课程网络平台，引导学生自主学习，网络教学时间不得超过 54 学时；考虑学徒参差不齐的学习基础、二年制/三年制的学徒实际工作经验不同等特点，根据教学需要，合理分配学校与企业教学学时，灵活调整教学进度，保证教学质量。

十、课程实施条件

学校有电机、水泵、减速机、风机、发电机等设备的理实一体化实训场所，实训设备的台套数按照每台 1～2 人进行配比，能保障学徒完成设备状态监测基本工作过程训练。企业有足够工位数，有先进生产设备或生产线等，保障学徒专业实践和技能训练。

十一、教学评价

课程的教学评价主要由学校评价、企业评价和第三方评价构成，如表 2－22 所示。其中，如学徒取得设备高级点检员资格证，可以证代考。学校评价中面试包括考勤、提问和课堂表现等；任务考核包括实验情况、实验报告、作业、网络课程学习情况和测试等。企业评价中面试包括考核面谈、问题分析讨论等；任务考核包括量化工作、综合测评、能力测试和网络课程学习情况等；业绩考核包括工作量、工作效率、工作质量、技术技能培训和技能竞赛等。

表 2－22　机电设备运行状态分析与故障诊断课程教学评价

学校评价		企业评价		第三方评价	
评价方式	占比	评价方式	占比	评价方式	占比
笔试	15%	笔试	0%	技能鉴定	100%
面试	5%	面试	20%		
任务考核	10%	任务考核	20%		
—	—	业绩考核	30%		
小计	30%	小计	70%		
合计	100%			合计	100%

机电设备运行状态分析与故障诊断课程结构详见图 2－11。

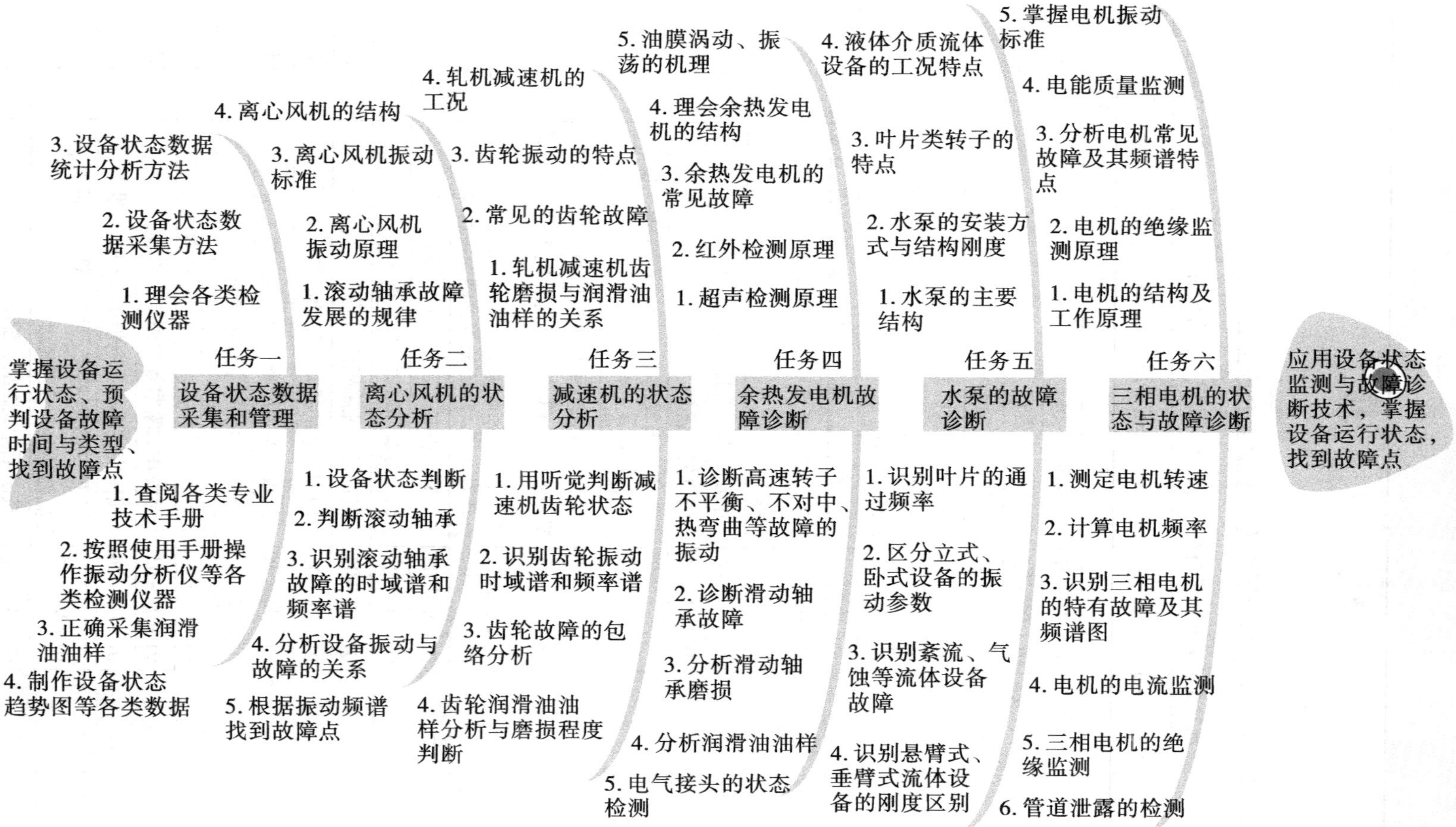

图 2-11　机电设备状态分析与故障诊断课程内容结构

撰稿人：乐昌市中建材水泥有限公司　李建国
广东松山职业技术学　林燕虹
宝钢集团广东韶关钢铁有限公司　黄春旭

附　　录

1. 现代学徒制机电设备维修与管理专业职业能力分析表

现代学徒制机电设备维修与管理专业职业能力分析表

工作项目/职业素养		工作任务/职业素养分类		职业能力（知识、技能、方法、工具、要求）		学习水平 现代学徒制
01	执行安装设备	01－01	识读、分析安装技术资料	01－01－01	识读英文（CET－3级）	L2
				01－01－02	识读文字资料	L2
				01－01－03	识读、分析电气安装图纸	L2
				01－01－04	识读、分析机械安装图纸	L2
		01－02	安装的准备	01－02－01	准备卡尺、千分尺、百分表、角尺、水准仪等测量工具	L2
				01－02－02	准备焊机、割枪、千斤顶、拉马、液压扳手、扭矩扳手、葫芦、索具、风扳机等安装工具	L2
				01－02－03	准备焊条、管件、电缆等材料	L2
				01－02－04	清点安装设备	L2
		01－03	安装机械设备	01－03－01	会使用卡尺、千分尺、百分表、角尺、水准仪等测量工具	L2
				01－03－02	会使用焊机、千斤顶、拉马、液压扳手、扭矩扳手、葫芦、索具、风扳机等安装工具	L2
				01－03－03	核对基面、中心线等关键安装尺寸	L2
				01－03－04	吊装的设备	L2
				01－03－05	粗调设备的标高、同轴度等	L2
				01－03－06	紧固设备地脚螺栓	L2
				01－03－07	精调设备的标高、同轴度等	L2
				01－03－08	连接、紧固设备	L2
		01－04	安装电气设备	01－04－01	会阅读和使用安装施工图	L2
				01－04－02	会使用万用表、兆欧表等仪表	L2
				01－04－03	会使用尖嘴钳等常用电工工具	L2
				01－04－04	按图安装电机、电柜等大型电气设备	L2
				01－04－05	按图安装测温仪、编码器、接近开关、传感器等各类检测仪表	L2
				01－04－06	按图纸完成布线、配线	L2

续上表

工作项目/职业素养		工作任务/职业素养分类		职业能力（知识、技能、方法、工具、要求）		学习水平 现代学徒制
01	执行安装设备	01 - 05	安装辅助设备	01 - 05 - 01	能执行安全管理制度	L2
				01 - 05 - 02	能按图纸安装辅助设备	L2
				01 - 05 - 03	能够按图进行液压、润滑、水及气体等介质的配管	L2
				01 - 05 - 04	冲洗液压、润滑、水及气体等介质管路	L2
				01 - 05 - 05	能处理安装遇到的问题	L2
02	执行调试设备	02 - 01	识读、分析调试的技术资料	02 - 01 - 01	识读设备功能说明书	L2
				02 - 01 - 02	遵从工艺技术文件和生产组织等各类制度	L2
				02 - 01 - 03	遵从安全制度	L2
				02 - 01 - 04	识读英文资料	L2
				02 - 01 - 05	识读设备总图、装配图、零件图和原理图等	L2
				02 - 01 - 06	具备一定的机械、电气及液压与气动等相关的基础知识	L2
		02 - 02	准备调试	02 - 02 - 01	准备调试所需的原材料	L2
				02 - 02 - 02	准备相应的生产工器具	L2
				02 - 02 - 03	补充液压润滑系统油品	L2
				02 - 02 - 04	补充水系统新水	L2
				02 - 02 - 05	制定送电、送水、送气等能源介质的流程	L2
		02 - 03	实施单体调试	02 - 03 - 01	送电、气	L2
				02 - 03 - 02	校核电气柜、电气设备及检测仪表的接线	L2
				02 - 03 - 03	调试单体水处理设备	L2
				02 - 03 - 04	调试单体液压润滑系统	L2
				02 - 03 - 05	开启水处理系统	L2
				02 - 03 - 06	开启液压润滑系统	L2
				02 - 03 - 07	检查独立执行机构动作	L2
				02 - 03 - 08	调试单个电机、油缸等执行机构	L2
				02 - 03 - 09	检查并处理跑冒滴漏的问题	L2
				02 - 03 - 10	调试单台套设备	L2

续上表

工作项目/职业素养		工作任务/职业素养分类		职业能力（知识、技能、方法、工具、要求）		学习水平 现代学徒制
03	执行设备维修	03－01	维修前的准备	03－01－01	准备老虎钳、尖嘴钳、平口钳等钳口、电工工具	L2
				03－01－02	准备剪刀、电工刀等剪切工具	L2
				03－01－03	准备万用表、兆欧表等测量工具	L2
				03－01－04	准备轴承等备件	L2
				03－01－05	准备电线、电缆、绝缘胶布等电工材料	L2
				03－01－06	知会电气原理图	L2
				03－01－07	准备卡尺、千分尺、角尺、水准仪等测量工具	L2
				03－01－08	准备液压扳手、扭矩扳手、葫芦、索具、风扳机、电焊机、切割机等工具	L2
		03－02	维修电气设备	03－02－01	会拆装直流电机	L2
				03－02－02	会拆装交流电机	L2
				03－02－03	会拆装同步电机	L2
				03－02－04	会拆装伺服电机、步进电机等特种电机	L2
				03－02－05	会拆装变压器	L2
				03－02－06	维修变频器	L2
				03－02－07	维修模块、网卡等 PLC 器件	L2
				03－02－08	拆装接近开关、限位开关、压力开关、流量开关等检测元件	L2
				03－02－09	维修接触器、断路器、继电器、电阻器等电器元件	L2
				03－02－10	会选择电工材料的种类和型号	L2
				03－02－11	应用接地知识	L2
		03－03	维修机械设备	03－03－01	具备一定的机械设备维修、保养知识	L2
				03－03－02	能遵从安全管理规定	L2
				03－03－03	具备一定的机械设备维修、修复技术	L2
				03－03－04	能够处理检修中遇到的问题	L2
				03－03－05	会使用卡尺、千分尺、角尺、水准仪等测量工具	L2
				03－03－06	会使用液压扳手、扭矩扳手、葫芦、索具、风扳机等工具	L2

续上表

工作项目/职业素养		工作任务/职业素养分类		职业能力（知识、技能、方法、工具、要求）		学习水平 现代学徒制
03	执行设备维修	03－04	维修辅助设备	03－04－01	拆装水泵、油泵等泵类设备	L2
				03－04－02	会维修换向阀、节流阀、泄压阀等阀门设备	L2
				03－04－03	能维修气缸、油缸	L2
				03－04－04	能维修水管、气管、油管	L2
				03－04－05	具备一定的辅助设备维修、保养知识	L2
				03－04－06	能遵从安全管理规定	L2
				03－04－07	具备一定的辅助设备维修、修复技术	L2
				03－04－08	能够处理检修中遇到的难题	L2
				03－04－09	会使用卡尺、千分尺、百分表、角尺、水准仪等测量工具	L2
				03－04－10	会使用千斤顶、拉马、液压扳手、扭矩扳手、葫芦、索具、风扳机等安装工具	L2
04	执行设备点检	04－01	点检设备	04－01－01	知会点检标准	L2
				04－01－02	知会点检线路图	L2
				04－01－03	知会设备工况	L2
				04－01－04	正确使用点检工具如听音棒、点检锤、测温枪、振动仪等	L2
				04－01－05	正确运用点检方法，如望、闻、听等	L2
				04－01－06	遵从点检安全规范	L2
				04－01－07	能分析常见故障	L2
				04－01－08	记录点检内容	L2
05	执行故障处理	05－01	准备作业	05－01－01	准备工器具	L2
				05－01－02	准备资料	L2
				05－01－03	制定安全防范措施	L2
				05－01－04	准备备件	L2
		05－02	处理故障	05－02－01	熟练使用工器具	L2
				05－02－02	熟练使用测量元器件	L2
				05－02－03	熟知机电设备维修知识	L2
				05－02－04	熟知机电设备维修技术标准	L2
				05－02－05	熟知机电设备维修安全规范	L2
				05－02－06	具有丰富的故障处理工作经验	L2
				05－02－07	具有组织协调能力	L2

续上表

工作项目/职业素养		工作任务/职业素养分类		职业能力（知识、技能、方法、工具、要求）		学习水平 现代学徒制
06	施工前准备工作	06-01	资料准备	06-01-01	识读英文（CET-3级）	L3-L4
				06-01-02	识读文字资料	L3-L4
				06-01-03	识读电气安装图纸	L3-L4
				06-01-04	识读机械安装图纸	L3-L4
				06-01-05	识读并应用设备总图、装配图、零件图和原理图等	L3-L4
				06-01-06	会使用xp、win7及其以上版本电脑操作系统	L3-L4
		06-02	方案准备	06-02-01	会使用office办公软件处理文档	L3-L4
				06-02-02	会使用AUTOCAD等机械制图软件绘图	L3-L4
				06-02-03	熟知并遵从国家标准、行业标准	L3-L4
				06-02-04	熟知并遵从安全规范	L3-L4
				06-02-05	熟知设备的技术原理	L3-L4
				06-02-06	会使用xp、win7及其以上版本电脑操作系统	L3-L4
				06-02-07	能辨别并按照安装、维修、调试、点检等技术方案执行	L3-L4
				06-02-08	具备陈述与语言组织能力	L3-L4
				06-02-09	制定电气、机械设备安装、调试、维修流程	L3-L4
		06-03	人员、工具准备	06-03-01	调度电工、钳工、焊工、管道工、天车工及司索工等安装人员	L3-L4
				06-03-02	选择各类测量、安装工具	L3-L4
		06-04	材料准备	06-04-01	选择焊条、管件等材料	L3-L4
				06-04-02	补充液压润滑系统油品	L3-L4
				06-04-03	补充水系统新水	L3-L4
				06-04-04	准备轴承等备件	L3-L4
				06-04-05	准备电线、电缆、绝缘胶布等电工材料	L3-L4

续上表

工作项目/职业素养		工作任务/职业素养分类		职业能力（知识、技能、方法、工具、要求）		学习水平 现代学徒制
07	作业	07－01	安装	07－01－01	调度安装人员	L3－L4
				07－01－02	会使用测量工具	L3－L4
				07－01－03	会使用安装工具	L3－L4
				07－01－04	能处理安装难题	L3－L4
				07－01－05	能执行安全管理制度	L3－L4
				07－01－06	能执行电气设备安装技术方案	L3－L4
				07－01－07	能执行机械设备安装技术方案	L3－L4
				07－01－08	能管理安装现场	L3－L4
		07－02	调试	07－02－01	调度调试人员	L3－L4
				07－02－02	会使用测量工具	L3－L4
				07－02－03	能处理调试难题	L3－L4
				07－02－04	能执行安全管理制度	L3－L4
				07－02－05	能执行电气设备调试技术方案	L3－L4
				07－02－06	能执行机械设备调试技术方案	L3－L4
				07－02－07	能管理调试现场	L3－L4
		07－03	维修	07－03－01	调度维修人员	L3－L4
				07－03－02	会使用电工、钳工工具	L3－L4
				07－03－03	会使用机械维修工具	L3－L4
				07－03－04	能处理维修难题	L3－L4
				07－03－05	能执行安全管理制度	L3－L4
				07－03－06	能执行电气设备维修技术方案	L3－L4
				07－03－07	能执行机械设备维修技术方案	L3－L4
				07－03－08	能管理维修现场	L3－L4
		07－04	试车	07－04－01	能编制维修试车流程	L3－L4
				07－04－02	能编制维修试车目标	L3－L4
				07－04－03	能安排维修试车人员	L3－L4
				07－04－04	实施试车	L3－L4
				07－04－05	能评价试车结果	L3－L4

续上表

工作项目/职业素养		工作任务/职业素养分类		职业能力（知识、技能、方法、工具、要求）		学习水平 现代学徒制
07	作业	07－05	实施单体调试	07－05－01	送电、气	L3－L4
				07－05－02	校核电气柜、电气设备及检测仪表的接线	L3－L4
				07－05－03	调试单体水处理设备	L3－L4
				07－05－04	调试单体液压润滑系统	L3－L4
				07－05－05	开启水处理系统	L3－L4
				07－05－06	开启液压润滑系统	L3－L4
				07－05－07	检查独立执行机构动作	L3－L4
				07－05－08	调试单个电机、油缸等执行机构	L3－L4
				07－05－09	检查并处理跑冒滴漏的问题	L3－L4
				07－05－10	调试单台套设备	L3－L4
		07－06	实施联动调试	07－06－01	知会自动线工艺流程	L3－L4
				07－06－02	掌握试生产的操作方法	L3－L4
				07－06－03	按照设备动作步骤和要点操作设备	L3－L4
				07－06－04	优化设备控制（动作步序、衔接和连锁保护等）	L3－L4
				07－06－05	排除设备联调及热试中遇到的异常	L3－L4
				07－06－06	实施热负荷试车	L3－L4
				07－06－07	测试设备功能与能力	L3－L4
08	设备点检	08－01	点检工作实施	08－01－01	识别设备故障周期	L3－L4
				08－01－02	熟知点检基本知识	L3－L4
				08－01－03	使用办公软件	L3－L4
				08－01－04	能遵从维修标准	L3－L4
				08－01－05	能制定点检安全规范	L3－L4
				08－01－06	知会点检标准	L3－L4
				08－01－07	知会点检线路图	L3－L4
				08－01－08	知会设备工况	L3－L4
				08－01－09	正确使用点检工具如听音棒、点检锤、测温枪、振动仪等	L3－L4
				08－01－10	正确运用点检方法，如望、闻、听等	L3－L4
				08－01－11	遵从点检安全规范	L3－L4
				08－01－12	能分析常见故障	L3－L4
				08－01－13	记录点检内容	L3－L4

续上表

工作项目/职业素养		工作任务/职业素养分类		职业能力（知识、技能、方法、工具、要求）		学习水平 现代学徒制
09	制订设备维修计划	09-01	制订维修计划	09-01-01	知会设备性能	L3-L4
				09-01-02	熟知设备状态	L3-L4
				09-01-03	熟知设备检修周期	L3-L4
				09-01-04	遵从设备维修通用技术标准	L3-L4
				09-01-05	知会检修工种	L3-L4
				09-01-06	知会检修任务量	L3-L4
10	故障处理	10-01	分析故障	10-01-01	熟知设备功能	L3-L4
				10-01-02	知会电气控制原理	L3-L4
				10-01-03	知会液压控制	L3-L4
				10-01-04	知会设备现状	L3-L4
				10-01-05	熟知设备常见故障	L3-L4
				10-01-06	熟知故障产生机理	L3-L4
		10-02	试车	10-02-01	熟知设备试车需具备的条件	L3-L4
				10-02-02	判断是否具备试车条件	L3-L4
				10-02-03	熟知设备正常工况	L3-L4
				10-02-04	试车异常处置	L3-L4
				10-02-05	协调组织试车	L3-L4
11	方案准备	11-01	资料准备	11-01-01	识读英文（CET-3级）	L5
				11-01-02	识读文字资料	L5
				11-01-03	识读电气安装图纸	L5
				11-01-04	识读机械安装图纸	L5
				11-01-05	识读设备总图、装配图、零件图和原理图等	L5
				11-01-06	会使用xp、win7及其以上版本电脑操作系统	L5
		11-02	方案准备	11-02-01	会使用office办公软件处理文档	L5
				11-02-02	会使用AUTOCAD等机械制图软件绘图	L5
				11-02-03	理会并遵从国家标准、行业标准	L5
				11-02-04	理会并遵从安全规范	L5
				11-02-05	理会设备的技术原理	L5
				11-02-06	会使用xp、win7及其以上版本电脑操作系统	L5
				11-02-07	能理会并按照安装、维修、调试、点检等技术方案执行	L5
				11-02-08	具备陈述与语言组织能力	L5
				11-02-09	制定电气、机械设备安装、调试、维修流程	L5

续上表

工作项目/职业素养		工作任务/职业素养分类		职业能力（知识、技能、方法、工具、要求）		学习水平
						现代学徒制
11	方案准备	11－03	人员、工具、材料准备	11－03－01	调度电工、钳工、焊工、管道工、天车工及司索工等安装人员	L5
				11－03－02	布置各类测量、安装工具的选择工作	L5
				11－03－03	确定各类材料的准备工作	L5
12	作业安排	12－01	安装	12－01－01	调度安装人员	L5
				12－01－02	能处理安装难题	L5
				12－01－03	能执行安全管理制度	L5
				12－01－04	能制定电气设备安装技术方案	L5
				12－01－05	能制定机械设备安装技术方案	L5
				12－01－06	能管理安装现场	L5
		12－02	调试	12－02－01	调度调试人员	L5
				12－02－02	能处理调试难题	L5
				12－02－03	能执行安全管理制度	L5
				12－02－04	能制定电气设备调试技术方案	L5
				12－02－05	能制定机械设备调试技术方案	L5
				12－02－06	能管理调试现场	L5
		12－03	维修	12－03－01	调度维修人员	L5
				12－03－02	能处理维修难题	L5
				12－03－03	能执行安全管理制度	L5
				12－03－04	能制定电气设备维修技术方案	L5
				12－03－05	能制定机械设备维修技术方案	L5
				12－03－06	能管理维修现场	L5
		12－04	试车	12－04－01	能编制维修试车流程	L5
				12－04－02	能编制维修试车目标	L5
				12－04－03	能安排维修试车人员	L5
				12－04－04	实施试车	L5
				12－04－05	能评价试车结果	L5

续上表

工作项目/职业素养		工作任务/职业素养分类		职业能力（知识、技能、方法、工具、要求）		学习水平 现代学徒制
12	作业安排	12-05	实施单体调试	12-05-01	送电、气	L5
				12-05-02	校核电气柜、电气设备及检测仪表的接线	L5
				12-05-03	调试单体水处理设备	L5
				12-05-04	调试单体液压润滑系统	L5
				12-05-05	开启水处理系统	L5
				12-05-06	开启液压润滑系统	L5
				12-05-07	检查独立执行机构动作	L5
				12-05-08	调试单个电机、油缸等执行机构	L5
				12-05-09	检查并处理跑冒滴漏的问题	L5
				12-05-10	调试单台套设备	L5
		12-06	实施联动调试	12-06-01	知会自动线工艺流程	L5
				12-06-02	掌握试生产的操作方法	L5
				12-06-03	按照设备动作步骤和要点操作设备	L5
				12-06-04	优化设备控制（动作步序、衔接和连锁保护等）	L5
				12-06-05	排除设备联调及热试中遇到的异常	L5
				12-06-06	实施热负荷试车	L5
				12-06-07	测试设备功能与能力	L5
13	制订点检与维修计划	13-01	点检工作的制定	13-01-01	识别设备故障周期	L5
				13-01-02	熟知点检基本知识	L5
				13-01-03	使用办公软件	L5
				13-01-04	能遵从维修标准	L5
				13-01-05	能制定点检安全规范	L5
				13-01-06	知会点检标准	L5
				13-01-07	知会点检线路图	L5
				13-01-08	知会设备工况	L5
				13-01-09	遵从点检安全规范	L5
				13-01-10	能分析常见故障	L5
				13-01-11	记录点检内容	L5

续上表

工作项目/职业素养		工作任务/职业素养分类		职业能力（知识、技能、方法、工具、要求）		学习水平 现代学徒制
13	制订点检与维修计划	13－02	制订维修计划	13－02－01	知会设备性能	L5
				13－02－02	熟知设备状态	L5
				13－02－03	熟知设备检修周期	L5
				13－02－04	遵从设备维修通用技术标准	L5
				13－02－05	知会检修工种	L5
				13－02－06	知会检修任务量	L5
14	故障分析与处理	14－01	分析故障	14－01－01	熟知设备功能	L5
				14－01－02	知会电气控制原理	L5
				14－01－03	知会液压控制	L5
				14－01－04	知会设备现状	L5
				14－01－05	熟知设备常见故障	L5
				14－01－06	熟知故障产生机理	L5
		14－02	试车	14－02－01	熟知设备试车需具备的条件	L5
				14－02－02	判断是否具备试车条件	L5
				14－02－03	熟知设备正常工况	L5
				14－02－04	试车异常处置	L5
				14－02－05	协调组织试车	L5
		14－03	总结故障处理	14－03－01	总结归纳故障种类	L5
				14－03－02	分析判断故障产生的原因	L5
				14－03－03	能用文字表达故障处理过程	L5
				14－03－04	制定预防措施	L5
				14－03－05	整改提高措施	L5
15	文档准备	15－01	制定技术图纸	15－01－01	识读英文（CET－3级）	L6
				15－01－02	识读文字资料	L6
				15－01－03	制定电气安装图纸	L6
				15－01－04	制定机械安装图纸	L6
				15－01－05	能绘制设备总图、装配图、零件图和原理图等	L6
				15－01－06	会使用xp、win7及其以上版本电脑操作系统	L6

续上表

工作项目/职业素养		工作任务/职业素养分类		职业能力（知识、技能、方法、工具、要求）		学习水平 现代学徒制
15	文档准备	15－02	制定技术方案	15－02－01	制定工艺技术文件和生产组织等各类制度	L6
				15－02－02	能制定设备功能说明书	L6
				15－02－03	遵从国家标准、行业标准	L6
				15－02－04	遵从安全规范	L6
				15－02－05	熟知设备的技术原理	L6
				15－02－06	会使用 xp、win7 及其以上版本电脑操作系统	L6
				15－02－07	具备陈述与语言组织能力	L6
				15－02－08	能制定电气设备安装、维修、调试、点检等技术方案	L6
				15－02－09	能制定机械设备安装、维修、调试、点检等技术方案	L6
		15－03	分析设备状态	15－03－01	知会设备状态	L6
				15－03－02	遵从设备技术标准	L6
				15－03－03	数据分析工具的使用	L6
				15－03－04	具备过程分析能力	L6
16	调试及故障处理	16－01	实施联动调试	16－01－01	知会自动线工艺流程	L6
				16－01－02	掌握试生产的操作方法	L6
				16－01－03	按照设备动作步骤和要点操作设备	L6
				16－01－04	优化设备控制（动作步序、衔接和连锁保护等）	L6
				16－01－05	排除设备联调及热试中遇到的异常	L6
				16－01－06	实施热负荷试车	L6
				16－01－07	测试设备功能与能力	L6
		16－02	处理故障	16－02－01	会使用工器具和测量工具	L6
				16－02－02	熟知机电设备维修知识	L6
				16－02－03	遵从机电设备维修技术标准	L6
				16－02－04	遵从机电设备维修安全规范	L6
				16－02－05	具有丰富的故障处理工作经验	L6
				16－02－06	具有组织协调能力	L6

续上表

工作项目/职业素养		工作任务/职业素养分类		职业能力（知识、技能、方法、工具、要求）		学习水平 现代学徒制
16	调试及故障处理	16－03	总结故障处理	16－03－01	总结归纳故障种类	L6
				16－03－02	分析判断故障产生的原因	L6
				16－03－03	能用文字表达故障处理过程	L6
				16－03－04	制定预防措施	L6
				16－03－05	整改提高措施	L6
17	改善现场	17－01	改善工作环境	17－01－01	能识别危险源	L6
				17－01－02	可整改设备本质化安全	L6
				17－01－03	制定安全防范措施	L6
				17－01－04	降低噪音、粉尘的危害	L6
				17－01－05	降低员工工作强度	L6
		17－02	优化设备功能	17－02－01	提高精度	L6
				17－02－02	完善功能	L6
				17－02－03	降低故障率	L6
				17－02－04	提高效率	L6
		17－03	优化操作流程	17－03－01	降低操作难度	L6
				17－03－02	提高操作可靠性	L6
				17－03－03	简化操作流程	L6
				17－03－04	熟知现有先进技术	L6
				17－03－05	总结先进操作法	L6
		17－04	优化工艺流程	17－04－01	知会工艺流程	L6
				17－04－02	知会现有先进技术	L6
				17－04－03	具有丰富的工艺优化经验	L6
		17－05	节约能源	17－05－01	具备数据统计分析能力	L6
				17－05－02	熟知工艺流程	L6
				17－05－03	熟知设备性能	L6
				17－05－04	熟知节能降耗基本措施	L6
				17－05－05	具有组织协调能力	L6
				17－05－06	节约水电气能源	L6
		17－06	创新的提出	17－06－01	运用创新技术和方法	L6
				17－06－02	熟知设备工况	L6
				17－06－03	学习现有先进技术	L6
				17－06－04	会运用分析工具（鱼刺图、因果图、帕拉图等）	L6

续上表

工作项目/职业素养		工作任务/职业素养分类		职业能力（知识、技能、方法、工具、要求）		学习水平 现代学徒制
18	执行设备保养	18－01	设备润滑	18－01－01	选择合适润滑剂	L2
				18－01－02	能阅读设备润滑手册	L2
				18－01－03	使用润滑器具	L2
				18－01－04	检查润滑效果	L2
				18－01－05	执行润滑制度	L2
				18－01－06	保管润滑剂	L2
		18－02	设备的清扫	18－02－01	判断设备安全状态	L2
				18－02－02	选择合适的清扫工具	L2
				18－02－03	分类收集垃圾	L2
				18－02－04	达到清扫标准	L2
		18－03	设备的紧固	18－03－01	判断紧固件是否松动	L2
				18－03－02	判断紧固状态	L2
				18－03－03	选择工具（如扳手类等）	L2
				18－03－04	使用工具	L2
				18－03－05	达到紧固标准状态	L2
				18－03－06	判断紧固件的互换性	L2
		18－04	编制设备保养计划	18－04－01	查看设备图纸	L2
				18－04－02	阅读设备使用手册	L2
				18－04－03	确定设备保养周期	L2
				18－04－04	确定设备保养项目清单	L2
				18－04－05	编制设备保养记录表	L2
		18－05	记录保养信息	18－05－01	汇集保养设备的保养信息	L2
				18－05－02	录入设备信息管理系统	L2
				18－05－03	查询设备保养信息	L2
				18－05－04	打印各类设备保养记录表	L2
				18－05－05	文件归档	L2
19	管理设备台账	19－01	汇总技术资料	19－01－01	收集设备图纸	L2
				19－01－02	收集设备的使用手册	L2
				19－01－03	编号	L2

续上表

工作项目/职业素养		工作任务/职业素养分类		职业能力（知识、技能、方法、工具、要求）		学习水平 现代学徒制
19	管理设备台账	19-02	录入设备信息	19-02-01	查找、录入厂家型号	L2
				19-02-02	查找、录入设备参数	L2
				19-02-03	查找、录入出厂日期	L2
				19-02-04	确定质集周期	L2
				19-02-05	确定特殊需求	L2
		19-03	记录设备维修履历	19-03-01	记录维修时间	L2
				19-03-02	记录维修项目	L2
				19-03-03	记录故障现象	L2
				19-03-04	记录故障发生点	L2
				19-03-05	故障处理经过	L2
		19-04	文件归档	19-04-01	文件编号	L2
				19-04-02	编制文件目录	L2
				19-04-03	分类	L2
				19-04-04	装订归档	L2
				19-04-05	存放指定地点	L2
20	执行TPM	20-01	执行5S管理	20-01-01	整理工具、材料	L2
				20-01-02	整顿工作场所	L2
				20-01-03	清扫工作场所	L2
				20-01-04	保持整理、整顿、清扫的成果	L2
				20-01-05	遵从5S管理事项	L2
		20-02	执行生产力节约	20-02-01	巡查现场	L2
				20-02-02	检查照明设备	L2
				20-02-03	检查水资源浪费	L2
				20-02-04	查看管道密封情况	L2
				20-02-05	查看管道压力	L2
				20-02-06	查看电机电流	L2
				20-02-07	对比历史数据趋势	L2
				20-02-08	发现生产力浪费情况	L2
				20-02-09	汇报结果	L2

续上表

工作项目/职业素养		工作任务/职业素养分类		职业能力（知识、技能、方法、工具、要求）		学习水平 现代学徒制
21	管理设备资料	21-01	归类设备资料	21-01-01	归类设计资料	L2
				21-01-02	归类土建资料	L2
				21-01-03	归类设备检验资料	L2
				21-01-04	归类设备安装资料	L2
				21-01-05	归类设备调试资料	L2
				21-01-06	归类设备验收资料	L2
				21-01-07	编号	L2
				21-01-08	录入设备管理信息系统	L2
		21-02	管理设备检测资料	21-02-01	管理特种设备检测资料	L2
				21-02-02	管理量具校对资料	L2
				21-02-03	管理设备停用资料	L2
				21-02-04	管理设备报废资料	L2
22	管理仓储备件	22-01	入库	22-01-01	核对合同	L2
				22-01-02	申报检验	L2
				22-01-03	分类归放	L2
				22-01-04	填写入库表	L2
				22-01-05	录入设备管理信息系统	L2
		22-02	保管	22-02-01	选择保管方法	L2
				22-02-02	准备保管场地	L2
				22-02-03	定点存放	L2
		22-03	出库	22-03-01	检验领料单	L2
				22-03-02	取料	L2
				22-03-03	填写出库单	L2
				22-03-04	统计消耗量	L2
				22-03-05	计算消耗周期	L2
		22-04	盘点	22-04-01	实物盘点	L2
				22-04-02	信息系统盘点	L2
				22-04-03	账、物、卡三项一致	L2
				22-04-04	对比统计	L2
				22-04-05	汇报异常	L2

续上表

工作项目/职业素养		工作任务/职业素养分类		职业能力（知识、技能、方法、工具、要求）		学习水平 现代学徒制
22	管理仓储备件	22-05	去库存	22-05-01	估计到货周期	L2
				22-05-02	确定订货时间	L2
				22-05-03	沟通生产计划	L2
				22-05-04	估算库存经济量	L2
				22-05-05	调整订货计划	L2
23	执行日常点检计划	23-01	回顾标准作业说明	23-01-01	熟知任务要求	L3-L4
				23-01-02	分析点检的意义	L3-L4
				23-01-03	回顾点检流程	L3-L4
				23-01-04	回顾点检方法	L3-L4
				23-01-05	看设备润滑泄露	L3-L4
		23-02	点检设备	23-02-01	看设备明显振动	L3-L4
				23-02-02	听设备异响	L3-L4
				23-02-03	闻异常气味	L3-L4
				23-02-04	触摸设备、感知温度及振动	L3-L4
				23-02-05	看计量表	L3-L4
				23-02-06	使用点检工具	L3-L4
				23-02-07	记录数据	L3-L4
				23-02-08	对比点检历史数据	L3-L4
		23-03	发现异常	23-03-01	发现趋势	L3-L4
				23-03-02	挑出异常数据	L3-L4
				23-03-03	估计故障程度	L3-L4
				23-03-04	初步判断故障类型	L3-L4
				23-03-05	正确描述异常	L3-L4
		23-04	汇报异常	23-04-01	应用专业术语	L3-L4
				23-04-02	编写异常报告	L3-L4
				23-04-03	使用振动检测仪	L3-L4

续上表

工作项目/职业素养		工作任务/职业素养分类		职业能力（知识、技能、方法、工具、要求）		学习水平 现代学徒制
24	专业点检	24-01	振动分析	24-01-01	采集振动点数据	L3-L4
				24-01-02	回收振动数据	L3-L4
				24-01-03	选择振动故障分析法	L3-L4
				24-01-04	使用峭度仪	L3-L4
				24-01-05	比对振动参数	L3-L4
				24-01-06	比对峭度参数	L3-L4
				24-01-07	识别频谱图	L3-L4
				24-01-08	查找振动故障类型	L3-L4
				24-01-09	观察油样颜色	L3-L4
		24-02	油液分析	24-02-01	采集油样	L3-L4
				24-02-02	送检油样	L3-L4
				24-02-03	审阅油样报告	L3-L4
				24-02-04	分析油样质量	L3-L4
				24-02-05	分析磨损故障	L3-L4
25	制订设备计划	25-01	制订维修技改计划	25-01-01	确定技改项目	L5
				25-01-02	提出技改方案	L5
		25-02	编制标准作业说明书	25-02-01	明确作业内容	L5
				25-02-02	编制作业流程	L5
				25-02-03	确定所用工具	L5
				25-02-04	确定操作人员	L5
				25-02-05	遵从安全规范	L5
		25-03	编制备件计划	25-03-01	评估库存状态	L5
				25-03-02	能使用 ERP 系统	L5
				25-03-03	沟通生产计划	L5
				25-03-04	估算库存占比	L5
				25-03-05	估算使用趋势	L5
		25-04	编制特种设备管理制度	25-04-01	界定特种设备范围	L5
				25-04-02	监控运行状态	L5
				25-04-03	配合生产计划	L5
				25-04-04	定期检测特种设备	L5
				25-04-05	办理证件	L5

续上表

工作项目/职业素养		工作任务/职业素养分类		职业能力（知识、技能、方法、工具、要求）		学习水平 现代学徒制
26	提出和实施新技术	26-01	寻找企业痛点	26-01-01	比对损耗状态	L5
				26-01-02	比对行业平均损耗	L5
				26-01-03	比对以往损耗状态	L5
				26-01-04	评估损耗现状	L5
				26-01-05	得出结论	L5
		26-02	提出技改方案	26-02-01	关注行业动态	L5
				26-02-02	关注行业最新技术成果	L5
				26-02-03	对比该技术已取得成果	L5
				26-02-04	评估技改的节能、环保	L5
				26-02-05	明确技改的补贴额度	L5
				26-02-06	整体评估技改成本	L5
				26-02-07	编写技改文件	L5
				26-02-08	确定技改进度表	L5
		26-03	实施新技术	26-03-01	组织学习技改	L5
				26-03-02	协调各部门	L5
				26-03-03	组织检验进厂设备	L5
				26-03-04	跟踪工程进度	L5
				26-03-05	监督施工安全	L5
		26-04	验收工程	26-04-01	收集产品合格证	L5
				26-04-02	组织试车	L5
				26-04-03	遵从试车规范	L5
				26-04-04	记录试车数据	L5
				26-04-05	评估技改效果	L5
27	监控设备运行状态	27-01	监督点检工作落实	27-01-01	查看点检记录	L5
				27-01-02	抽查点检真实性	L5
		27-02	监控日常运行状态	27-02-01	查看历史数据	L5
				27-02-02	比对数据、发现故障趋势	L5
				27-02-03	判断故障程度	L5
				27-02-04	汇报故障	L5

续上表

工作项目/职业素养		工作任务/职业素养分类		职业能力（知识、技能、方法、工具、要求）		学习水平 现代学徒制
28	负责维修安全	28－01	识别危险源	28－01－01	识别6大致死伤害	L5
				28－01－02	识别电力伤害	L5
				28－01－03	识别窒息伤害	L5
				28－01－04	识别有限空间作业	L5
				28－01－05	识别高空作业	L5
				28－01－06	识别压力伤害	L5
				28－01－07	识别高低温伤害	L5
				28－01－08	识别有毒气体	L5
		28－02	保障安全作业	28－02－01	切断电力	L5
				28－02－02	切断气源	L5
				28－02－03	切断、排放热能	L5
				28－02－04	保证通风	L5
				28－02－05	检测氧含量	L5
				28－02－06	检测一氧化碳	L5
				28－02－07	填写动火票	L5
				28－02－08	填写送电票	L5
				28－02－09	穿戴劳保用品	L5
				28－02－10	保证工具可靠性	L5
				28－02－11	放置安全标识	L5
				28－02－12	挂牌上锁	L5
		28－03	遵从安全规范	28－03－01	自觉遵从安全规范	L5
				28－03－02	提醒他人的不安全行为	L5
				28－03－03	安全使用工具	L5
				28－03－04	规范穿戴安全用具	L5
29	落实设备抢修	29－01	分析事故	29－01－01	判定事故范围	L5
				29－01－02	清点受损设备	L5
				29－01－03	判断受损程度	L5
				29－01－04	评估抢修对象	L5
				29－01－05	分析事故原因	L5

续上表

工作项目/职业素养		工作任务/职业素养分类		职业能力（知识、技能、方法、工具、要求）		学习水平 现代学徒制
29	落实设备抢修	29－02	落实抢修人员	29－02－01	确定参与专业	L5
				29－02－02	评估抢修工作量	L5
				29－02－03	联系外协单位	L5
				29－02－04	确定抢修班组	L5
				29－02－05	分配工作任务	L5
		29－03	物料准备	29－03－01	准备抢修吊具	L5
				29－03－02	准备抢修备件	L5
				29－03－03	准备抢修量具	L5
				29－03－04	准备抢修工具	L5
				29－03－05	准备抢修辅助物料	L5
		29－04	实施抢修	29－04－01	拆卸附属设备	L5
				29－04－02	清理受损设备	L5
				29－04－03	寻找故障点	L5
				29－04－04	更换受损零部件	L5
				29－04－05	修复受损零件	L5
				29－04－06	安装设备	L5
				29－04－07	组织、协调试车	L5
				29－04－08	验收抢修效果	L5
		29－05	制定预防措施	29－05－01	分析人为原因	L5
				29－05－02	分析环境原因	L5
				29－05－03	分析设备原因	L5
				29－05－04	分析工艺原因	L5
				29－05－05	分析操作原因	L5
				29－05－06	制定预防措施	L5
				29－05－07	形成相关文件	L5
				29－05－08	培训人员	L5
30	组织结构	30－01	制定人员编制	30－01－01	统计点检工时	L6
				30－01－02	统计润滑工时	L6
				30－01－03	估算维修工时	L6
				30－01－04	核算总工时	L6
				30－01－05	估计人员总量	L6

续上表

工作项目/职业素养		工作任务/职业素养分类		职业能力（知识、技能、方法、工具、要求）		学习水平 现代学徒制
30	组织结构	30-02	确定人员职责	30-02-01	识别技术人员通用技能	L6
				30-02-02	识别技术人员特殊技能	L6
				30-02-03	划分区域	L6
				30-02-04	指定区域主管	L6
				30-02-05	指定班组搭配	L6
				30-02-06	确定各区域主管职责	L6
		30-03	培训人员	30-03-01	联系厂家技术培训	L6
				30-03-02	培训起重机操作	L6
				30-03-03	培训起重吊具使用	L6
				30-03-04	培训新设备的维修知识	L6
				30-03-05	培训轴瓦刮研	L6
				30-03-06	培训安全知识	L6
		30-04	考核人员	30-04-01	统计每月总工时	L6
				30-04-02	统计每人当月总工时	L6
				30-04-03	统计安全事故总数	L6
				30-04-04	计算每人的维修安全率	L6
				30-04-05	统计当月产量	L6
				30-04-06	统计当月常规设备维修费用	L6
				30-04-07	计算当月常规维修费用均摊	L6
				30-04-08	对比以往数据	L6
				30-04-09	查找超标原因	L6
				30-04-10	记录绩效考核	L6
31	审定设备计划	31-01	审定维修计划	31-01-01	明确维修计划范围	L6
				31-01-02	明确每台设备维修内容	L6
				31-01-03	根据维修内容，查看设备数据	L6
				31-01-04	审定设备是否维修	L6
				31-01-05	修改维修计划	L6
				31-01-06	审定维修计划	L6

续上表

工作项目/职业素养		工作任务/职业素养分类		职业能力（知识、技能、方法、工具、要求）		学习水平 现代学徒制
31	审定设备计划	31-02	审定点检作业标准	31-02-01	阅读设备使用手册	L6
				31-02-02	划分重要设备	L6
				31-02-03	划分主要设备	L6
				31-02-04	划分一般设备	L6
				31-02-05	审定点检的项目	L6
				31-02-06	审定点检的标准	L6
				31-02-07	审定点检的周期	L6
				31-02-08	审定点检的方法	L6
				31-02-09	审定点检的人员	L6
				31-02-10	审定点检的表格	L6
		31-03	审定备件计划	31-03-01	查看各备件库存量	L6
				31-03-02	明确损耗品更换周期	L6
				31-03-03	明确损耗品经济库存	L6
				31-03-04	明确损耗品安全库存	L6
				31-03-05	估算损耗品订货周期	L6
				31-03-06	核对近期维修计划	L6
				31-03-07	确定近期维修计划需用备件	L6
				31-03-08	修改备件计划	L6
				31-03-09	审定备件计划	L6
				31-03-10	提交采购计划	L6
		31-04	审定特种设备计划	31-04-01	界定特种设备范围	L6
				31-04-02	明确起重机的检测周期	L6
				31-04-03	明确安全阀的检测周期	L6
				31-04-04	明确压力表的检测周期	L6
				31-04-05	明确压力容器的检测周期	L6
				31-04-06	明确水质的检测周期	L6
				31-04-07	获取停产信息	L6
				31-04-08	制定特种设备检测时间	L6
				31-04-09	申请费用	L6

续上表

工作项目/职业素养		工作任务/职业素养分类		职业能力（知识、技能、方法、工具、要求）		学习水平 现代学徒制
32	推广新技术	32－01	获取新技术	32－01－01	参考行业标杆企业能耗状态	L6
				32－01－02	参考行业标杆企业损耗状态	L6
				32－01－03	评估本企业降耗潜力、项目	L6
				32－01－04	比对本企业与标杆企业技术手段	L6
				32－01－05	订阅行业期刊	L6
				32－01－06	摘录新技术文章	L6
		32－02	评估新技术	32－02－01	比对本企业能耗状态	L6
				32－02－02	比对本企业损耗状态	L6
				32－02－03	确定比对结果	L6
33	设备安装调试	33－01	安装前	33－01－01	接受任务	L2
				33－01－02	阅读图纸	L2
				33－01－03	确定安装基准	L2
				33－01－04	准备工机具	L2
				33－01－05	检验零部件	L2
				33－01－06	确认场地环境	L2
				33－01－07	编制工艺方案	L2
				33－01－08	确认安装基础	L2
				33－01－09	辨识危险源	L2
		33－02	安装过程	33－02－01	组织设备与工机具进场	L2
				33－02－02	操作工机具	L2
				33－02－03	拼装零部件	L2
				33－02－04	检测零部件安装精度	L2
				33－02－05	修配零部件	L2
				33－02－06	总装设备	L2
				33－02－07	检测设备总体精度	L2
				33－02－08	实施防护、防锈、防尘措施	L2
				33－02－09	记录安装数据	L2
		33－03	安装后	33－03－01	提交安装资料	L2
				33－03－02	检测设备静态状况	L2
				33－03－03	确认试运行条件	L2
				33－03－04	试运行设备（空载）	L2
				33－03－05	提交试运行资料	L2
				33－03－06	试运行设备（负载）	L2
				33－03－07	验收并移交设备	L2

续上表

工作项目/职业素养		工作任务/职业素养分类		职业能力（知识、技能、方法、工具、要求）		学习水平 现代学徒制
34	设备维修保养	34－01	设备使用维护	34－01－01	熟知设备的性能、原理	L2
				34－01－02	熟知设备的操作方法及安全操作规程	L2
				34－01－03	熟知设备的日常保养项目内容	L2
				34－01－04	检查确认设备状况	L2
				34－01－05	操作设备	L2
				34－01－06	检查设备运行工作精度	L2
				34－01－07	简单维护设备的执行系统	L2
				34－01－08	简单维护设备的控制系统	L2
				34－01－09	简单维护设备的润滑系统	L2
		34－02	设备点检维护	34－02－01	熟知设备的性能、原理	L2
				34－02－02	熟知设备的运行情况	L2
				34－02－03	熟知设备的点检项目内容及要求	L2
				34－02－04	点检设备的运行状态	L2
				34－02－05	点检设备的润滑情况	L2
				34－02－06	点检设备的控制系统	L2
				34－02－07	记录设备点检数据	L2
				34－02－08	分析点检数据，确定设备运行状态	L2
				34－02－09	维护设备的执行系统	L2
				34－02－10	维护设备的控制系统	L2
				34－02－11	维护设备的润滑系统	L2
				34－02－12	制定定修计划	L2
		34－03	设备日常检修	34－03－01	熟知设备的结构、原理	L2
				34－03－02	熟知设备的运行故障情况	L2
				34－03－03	熟知设备的检修项目及要求	L2
				34－03－04	会操作常用检修工具、量具、设备	L2
				34－03－05	会操作专用检修工具、量具、设备	L2
				34－03－06	熟知相关专业理论知识和基本技能	L2
				34－03－07	熟知检修项目的操作流程及方法	L2
				34 03 08	判断设备故障点	L2

续上表

工作项目/职业素养		工作任务/职业素养分类		职业能力（知识、技能、方法、工具、要求）		学习水平 现代学徒制
34	设备维修保养	34－03	设备日常检修	34－03－09	拆解设备故障点	L2
				34－03－10	修理或更换损坏零部件	L2
				34－03－11	检测零部件精度	L2
				34－03－12	组装设备	L2
				34－03－13	记录检修数据	L2
				34－03－14	试运行设备	L2
				34－03－15	交付使用设备	L2
		34－04	设备定期检修	34－04－01	熟知设备的结构、原理	L2
				34－04－02	熟知设备的运行故障情况	L2
				34－04－03	熟知设备的检修项目及要求	L2
				34－04－04	编制检修施工方案及安全技术方案	L2
				34－04－05	确认检修安全环境	L2
				34－04－06	会操作常用检修工具、量具、设备	L2
				34－04－07	会操作专用检修工具、量具、设备	L2
				34－04－08	熟知相关专业理论知识和基本技能	L2
				34－04－09	熟知检修项目的操作流程及方法	L2
				34－04－10	解体定修设备	L2
				34－04－11	检测零部件是否正常	L2
				34－04－12	修理或更换损坏零部件	L2
				34－04－13	检测零部件精度	L2
				34－04－14	组装设备	L2
				34－04－15	记录检修数据	L2
				34－04－16	试运行设备	L2
				34－04－17	交付使用设备	L2
35	设备改善创新	35－01	改善设备性能	35－01－01	熟知设备的结构、原理	L2
				35－01－02	熟知设备的运行故障情况	L2
				35－01－03	熟知生产工艺流程	L2
				35－01－04	学习新工艺、新技术	L2
				35－01－05	搜集影响设备性能的主要参数	L2
				35－01－06	分析并找出改善设备性能的方法	L2
				35－01－07	实施改进方案	L2
				35－01－08	监测改进后的设备运行状况	L2
				35－01－09	评估总结改善效果	L2

续上表

工作项目/职业素养		工作任务/职业素养分类		职业能力（知识、技能、方法、工具、要求）		学习水平 现代学徒制
35	设备改善创新	35－02	提高劳动效率	35－02－01	熟知生产工艺流程	L2
				35－02－02	熟知现场人员和设备的基本情况	L2
				35－02－03	搜集分析影响劳动效率的主要因素	L2
				35－02－04	提高作业人员的岗位技能	L2
				35－02－05	使用先进的作业工艺、器具	L2
				35－02－06	合理安排作业流程和作业人员	L2
				35－02－07	改善作业环境	L2
		35－03	降低维修成本	35－03－01	熟知设备的结构、原理	L2
				35－03－02	熟知设备的运行故障情况	L2
				35－03－03	熟知生产工艺流程	L2
				35－03－04	搜集分析影响维修成本的因素	L2
				35－03－05	改进检修作业方法及工艺	L2
				35－03－06	提高作业人员的岗位技能	L2
				35－03－07	降低备件损耗、维修机物料消耗	L2
				35－03－08	提高设备综合使用寿命	L2
				35－03－09	排除作业中的不安全因素	L2
36	故障诊断	36－01	运行监控	36－01－01	熟知设备的结构、原理	L2
				36－01－02	熟知设备的运行故障情况	L2
				36－01－03	熟知生产工艺流程	L2
				36－01－04	确定设备运行监控点	L2
				36－01－05	搜集设备连续运行的数据（工作温度、震动、压力等）	L2
		36－02	数据分析	36－02－01	熟知设备运动部件（齿轮、轴承等）的常见故障	L2
				36－02－02	熟知设备控制部件（PLC 等电器元件）的常见故障	L2
				36－02－03	认知设备执行元件（液压缸等）的常见故障	L2
				36－02－04	熟知机械原理、液压传动等相关专业知识	L2
				36－02－05	分析搜集的数据，判断设备运行趋势	L2
				36－02－06	推断设备止常运行周期	L2
				36－02－07	制订设备检修计划	L2

续上表

工作项目/职业素养		工作任务/职业素养分类		职业能力（知识、技能、方法、工具、要求）		学习水平 现代学徒制
37	作业安全	37－01	安全应知	37－01－01	熟知环境安全的知识	L2
				37－01－02	熟知通用工器具的安全知识	L2
				37－01－03	熟知电器设备的安全知识	L2
				37－01－04	熟知职业安全的安全知识	L2
				37－01－05	熟知简单起重机械的安全操作技术	L2
				37－01－06	能遵守大型、特殊机械装备的安全使用规程及操作方法	L2
				37－01－07	能遵守劳动保护有关法规	L2
				37－01－08	熟知并遵守检修作业安全操作规程	L2
		37－02	安全应会	37－02－01	会使用安全防护用品	L2
				37－02－02	会检查特殊设备、工具的安全性能	L2
				37－02－03	能检查和监督作业组内其他成员的安全准备工作	L2
				37－02－04	熟知工业卫生知识	L2
				37－02－05	熟知安全事故分析知识	L2
				37－02－06	熟知现场急救方法	L2
				37－02－07	熟知各类危险源并采取相应防范措施	L2
38	组织能力	38－01	沟通技巧	38－01－01	熟知班员的综合素质	L3－L4
				38－01－02	沟通协调、工作组织安排，安全交底	L3－L4
		38－02	工作任务	38－02－01	组织班员进行学习	L3－L4
				38－02－02	能应用质量管理知识组织班组开展质量管理活动	L3－L4
				38－02－03	能贯彻各项质量标准	L3－L4
				38－02－04	能运用全面质量管理知识，实现操作过程的质量分析与控制	L3－L4
				38－02－05	熟知班组生产管理知识	L3－L4
				38－02－06	熟知班组经济核算知识	L3－L4
				38－02－07	熟知设备修理网络计划知识	L3－L4
				38－02－08	能协助部门领导进行生产计划、调度及人员的管理	L3－L4
				38－02－09	熟知生产管理基本知识	L3－L4
				38－02－10	组织班组日常管理工作（填写安全台账，设备管理台账等）	L3－L4

续上表

工作项目/职业素养		工作任务/职业素养分类		职业能力（知识、技能、方法、工具、要求）		学习水平 现代学徒制
39	解决问题能力	39-01	自身能力	39-01-01	独立解决问题的能力	L3-L4
				39-01-02	具有较强的职业素养	L3-L4
				39-01-03	能编写作业计划书、工艺文件及操作规程	L3-L4
				39-01-04	能编制新产品的技术要求，装配工艺规程	L3-L4
				39-01-05	熟知本职工作内容（工作流程、机物料的管理、安全管理等）	L3-L4
		39-02	指导能力	39-02-01	指导班组成员完成工作任务	L3-L4
				39-02-02	能指导班员进行实际操作	L3-L4
				39-02-03	能指导班员进行理论学习	L3-L4
				39-02-04	培训新班员的工作能力	L3-L4
40	组织能力	40-01	沟通技巧	40-01-01	熟知工段全体人员的综合素质	L5
				40-01-02	具有较高的沟通技巧	L5
		40-02	工作任务	40-02-01	组织安排各班组工作项目	L5
				40-02-02	编制工段绩效考评制度	L5
				40-02-03	编制工段管理制度（安全、人事等）	L5
41	解决问题能力	41-01	自身能力	41-01-01	综合分析信息能力	L5
				41-01-02	能编制并实施大型、复杂设备的检修方案	L5
				41-01-03	具有较高的岗位技能和安全技能	L5
				41-01-04	具有较强的逻辑思维能力	L5
				41-01-05	熟知设备生产线修理、安装后的投产检查知识	L5
				41-01-06	熟知企业生产设计任务书的有关知识	L5
				41-01-07	熟知企业生产验收报告的有关知识	L5
				41-01-08	具有较好的心理素质	L5
		41-02	指导能力	41-02-01	指导班组长完成工作任务	L5
				41-02-02	能编写培训讲义	L5
				41-02-03	培训教学基本方法	L5
				41-02-04	培训班组长的工作能力	L5

续上表

工作项目/职业素养		工作任务/职业素养分类		职业能力（知识、技能、方法、工具、要求）		学习水平 现代学徒制
42	革新创新能力	42－01	学习能力	42－01－01	具有较强的学习能力	L5
42	革新创新能力	42－01	学习能力	42－01－02	具有较强的发现问题的能力	L5
42	革新创新能力	42－02	创新能力	42－02－01	具有较强的总结能力	L5
42	革新创新能力	42－02	创新能力	42－02－02	具有较强的创新能力	L5
43	组织能力	43－01	沟通技巧	43－01－01	具有很强的沟通能力	L6
43	组织能力	43－01	沟通技巧	43－01－02	具有很强的交流能力	L6
43	组织能力	43－02	工作任务	43－02－01	带领指导团队完成高难度、复杂的检修任务	L6
43	组织能力	43－02	工作任务	43－02－02	组织实施本企业的规划项目	L6
43	组织能力	43－02	工作任务	43－02－03	能协助单位领导进行生产计划、调度及人员的管理	L6
43	组织能力	43－02	工作任务	43－02－04	判断并分析客户需求，提出解决问题方案	L6
44	解决问题能力	44－01	自身能力	44－01－01	具有很强的专业理论知识和操作技能	L6
44	解决问题能力	44－01	自身能力	44－01－02	能独立分析、判断复杂工艺问题	L6
44	解决问题能力	44－01	自身能力	44－01－03	修订、完善大型、复杂设备的检修方案	L6
44	解决问题能力	44－01	自身能力	44－01－04	编制相关专业设备的作业指导书	L6
44	解决问题能力	44－01	自身能力	44－01－05	能编制复杂工艺装备的加工工艺及修复工艺	L6
44	解决问题能力	44－01	自身能力	44－01－06	能编写精密、大型、复杂设备修理、安装作业的技术文件，并能编制主要部件的作业工艺文件及操作规程	L6
44	解决问题能力	44－01	自身能力	44－01－07	设计用户需求问卷	L6
44	解决问题能力	44－01	自身能力	44－01－08	编写适合本企业的培训教材并完成培训任务	L6
44	解决问题能力	44－01	自身能力	44－01－09	带领和指导团队进行专用工具的设计制作	L6
44	解决问题能力	44－01	自身能力	44－01－10	能带领团队进行设备节能技术改造	L6
44	解决问题能力	44－02	指导能力	44－02－01	指导工长完成工作任务	L6
44	解决问题能力	44－02	指导能力	44－02－02	培训工长的工作能力	L6
44	解决问题能力	44－02	指导能力	44－02－03	能指导重大质量攻关、设备引进论证工作	L6
44	解决问题能力	44－02	指导能力	44－02－04	能指导新技术、新工艺、新材料在设备修理、改造中进行应用	L6

续上表

工作项目/职业素养		工作任务/职业素养分类		职业能力（知识、技能、方法、工具、要求）		学习水平 现代学徒制
45	革新创新能力	45－01	学习能力	45－01－01	具有很强的学习能力	L6
				45－01－02	具有很强的发现问题的能力	L6
		45－02	创新能力	45－02－01	善于发现并提出设备和工艺方面的改进措施	L6
				45－02－02	判断本专业的发展方向	L6
				45－02－03	根据新技术、新工艺的发展提出本企业的发展规划	L6
				45－02－04	带领团队完成设备技术改造和升级项目	L6
46	管理工具	46－01	管理通用工具	46－01－01	认识通用工具	L2
				46－01－02	分类通用工具	L2
				46－01－03	标识通用工具	L2
				46－01－04	存放通用工具	L2
				46－01－05	维护通用工具	L2
		46－02	管理专用工具	46－02－01	认识专用工具	L2
				46－02－02	分类专用工具	L2
				46－02－03	标识专用工具	L2
				46－02－04	存放专用工具	L2
				46－02－05	维护专用工具	L2
		46－03	量具检具的计量	46－03－01	制定工具的使用周期	L2
				46－03－02	维护专用工具	L2
				46－03－03	定期计量专用工具	L2
		46－04	工具检具量具保养	46－04－01	制定保养周期	L2
				46－04－02	定制检具量具归类管理	L2
				46－04－03	定期维护检具量具	L2
				46－04－04	正确选择工具检具量具使用方法	L2
				46－04－05	熟知工具检具量具原理	L2
				46－04－06	清洁加油工具检具量具	L2
				46－04－07	工具检具量具防锈	L2
				46－04－08	使用特殊工具存放方法保养	L2
				46－04－09	校对量具检具	L2

续上表

工作项目/职业素养		工作任务/职业素养分类		职业能力（知识、技能、方法、工具、要求）		学习水平 现代学徒制
47	装配机械	47－01	熟悉装配工艺	47－01－01	阅读零件图纸	L2
				47－01－02	阅读装配图纸	L2
				47－01－03	阅读装配工艺流程	L2
				47－01－04	熟知数控机床功能部件（轴承、丝杆、导轨、主轴、松刀机构、刀库）等装配知识	L2
				47－01－05	熟知液压系统装配知识	L2
				47－01－06	熟知润滑系统装配知识	L2
				47－01－07	熟知气动系统装配知识	L2
				47－01－08	熟知驱动、传动链装配知识	L2
				47－01－09	熟知控制系统装配知识	L2
				47－01－10	熟知操作面板装配知识	L2
				47－01－11	保障机械几何精度方法	L2
				47－01－12	熟知冷却系统装配知识	L2
				47－01－13	熟知排屑系统装配知识	L2
		47－02	装配准备	47－02－01	人员准备	L2
				47－02－02	准备装配场地	L2
				47－02－03	吊装设备准备	L2
				47－02－04	准备吊具	L2
				47－02－05	准备工具	L2
				47－02－06	准备装配零部件	L2
				47－02－07	准备装配耗材	L2
				47－02－08	准备装配治具	L2
				47－02－09	准备装配检具	L2
				47－02－10	准备作业指导书	L2
		47－03	零部件定制管理	47－03－01	定制摆放吊具	L2
				47－03－02	定制摆放零部件	L2
				47－03－03	定制摆放耗材	L2
				47－03－04	定制摆放治具	L2
				47－03－05	定制摆放检具	L2
				47－03－06	定制摆放作业指导书	L2

续上表

工作项目/职业素养		工作任务/职业素养分类		职业能力（知识、技能、方法、工具、要求）		学习水平 现代学徒制
47	装配机械	47－04	钳工装配	47－04－01	正确使用钳工工具	L2
				47－04－02	钻孔攻丝	L2
				47－04－03	铲刮研磨	L2
				47－04－04	拆装数控机床功能部件（轴承、丝杆、导轨、主轴、松刀机构、刀库）等	L2
				47－04－05	拆装液压系统	L2
				47－04－06	拆装润滑油路	L2
				47－04－07	拆装气动系统	L2
				47－04－08	拆装驱动、传动链	L2
				47－04－09	拆装控制系统	L2
				47－04－10	拆装液压马达	L2
				47－04－11	拆装操作面板	L2
				47－04－12	拆装冷却系统	L2
				47－04－13	拆装排屑系统	L2
				47－04－14	拆装冷却泵	L2
				47－04－15	修复导轨几何精度	L2
				47－04－16	调整机床几何精度	L2
				47－04－17	调整导轨间隙	L2
				47－04－18	调整丝杆间隙	L2
				47－04－19	安装控制面板	L2
		47－05	装配自检	47－05－01	辨别设备静态动作指标	L2
				47－05－02	辨别设备动态动作指标	L2
				47－05－03	检测机床静态几何精度	L2
				47－05－04	检测机床动态几何精度	L2
				47－05－05	检测机床三轴垂直度	L2
				47－05－06	检测工作台水平度	L2
				47－05－07	操作机床	L2
				47－05－08	检测刀架复位精度	L2
				47－05－09	检测主轴定位精度	L2
				47－05－10	检测三轴定位精度	L2

续上表

工作项目/职业素养		工作任务/职业素养分类		职业能力（知识、技能、方法、工具、要求）		学习水平 现代学徒制
47	装配机械	47-05	装配自检	47-05-11	检测数控机床功能部件（轴承、丝杆、导轨、主轴、松刀机构、刀库）等	L2
				47-05-12	检测液压系统	L2
				47-05-13	检测润滑油路	L2
				47-05-14	检测气动系统	L2
				47-05-15	检测驱动、传动链	L2
				47-05-16	检测控制系统	L2
				47-05-17	检测操作面板	L2
				47-05-18	检测冷却系统	L2
				47-05-19	检测排屑系统	L2
				47-05-20	试加工标准件	L2
48	装备电气	48-01	熟悉装配工艺	48-01-01	阅读电气原理图	L2
				48-01-02	阅读电气安装图	L2
				48-01-03	辨别数控机床电器元件功能	L2
				48-01-04	辨别数控机床电器元件使用方法	L2
				48-01-05	明确数控机床电器元件连接工艺	L2
				48-01-06	达到连接常用电路工艺要求	L2
				48-01-07	确定 PLC 模块功能性能要求	L2
				48-01-08	辨别 PLC 模块功能设置	L2
				48-01-09	电源模块装配工艺	L2
				48-01-10	驱动模块安装工艺	L2
				48-01-11	辨别电器柜密封、安全、接地绝缘要求	L2
				48-01-12	屏蔽传输信号方法	L2
				48-01-13	电缆线选型知识	L2
				48-01-14	熟知保护装置的设置知识	L2
				48-01-15	熟知变压器安装知识	L2
		48-02	装配准备	48-02-01	准备电气原理图	L2
				48-02-02	准备电气安装图	L2
				48-02-03	准备通用电器元件	L2
				48-02-04	准备电工工具	L2

续上表

工作项目/职业素养		工作任务/职业素养分类		职业能力（知识、技能、方法、工具、要求）		学习水平 现代学徒制
48	装备电气	48－02	装配准备	48－02－05	准备作业指导书	L2
				48－02－06	准备 PLC 模块	L2
				48－02－07	准备电源模块	L2
				48－02－08	准备驱动模块	L2
				48－02－09	准备电器柜	L2
				48－02－10	准备传输信号屏蔽元件	L2
				48－02－11	准备保护装置	L2
				48－02－12	准备变压器	L2
		48－03	零部件定制	48－03－01	定制通用电器元件	L2
				48－03－02	定制电工工具	L2
				48－03－03	定制作业指导书	L2
				48－03－04	定制装配的各项模块	L2
				48－03－05	定制电器安装图	L2
		48－04	电工装配	48－04－01	获得电工操作证	L2
				48－04－02	焊接电路板	L2
				48－04－03	焊接专用插头	L2
				48－04－04	设计固定线槽	L2
				48－04－05	制作连接线	L2
				48－04－06	使用各种仪器仪表	L2
				48－04－07	装配联接通用电器元件	L2
				48－04－08	使用电工工具	L2
				48－04－09	使用作业指导书	L2
				48－04－10	装配联接继电器模块	L2
				48－04－11	装配联接 PLC 模块	L2
				48－04－12	装配联接电源模块	L2
				48－04－13	装配联接驱动模块	L2
				48－04－14	装配联接电器柜	L2
				48－04－15	装配联接信号线	L2
				48－04－16	装配联接电磁阀	L2

续上表

工作项目/职业素养		工作任务/职业素养分类		职业能力（知识、技能、方法、工具、要求）		学习水平 现代学徒制
48	装备电气	48 - 04	电工装配	48 - 04 - 17	装配联接电缆线	L2
				48 - 04 - 18	装配联接保护装置	L2
				48 - 04 - 19	装配联接变压器	L2
				48 - 04 - 20	按照电气装配图检查电器元器件是否正确	L2
		48 - 05	电气调试	48 - 05 - 01	顺序上电	L2
				48 - 05 - 02	正常上电后调试	L2
				48 - 05 - 03	参数清零	L2
				48 - 05 - 04	系统参数设置	L2
				48 - 05 - 05	操作数控机床	L2
				48 - 05 - 06	PLC 灌输	L2
				48 - 05 - 07	轴向参数设置	L2
				48 - 05 - 08	主轴参数设置	L2
				48 - 05 - 09	驱动参数设置	L2
				48 - 05 - 10	驱动器联接	L2
				48 - 05 - 11	电机联接	L2
				48 - 05 - 12	刀库换刀参数设置	L2
				48 - 05 - 13	行程设置	L2
				48 - 05 - 14	零点设置	L2
				48 - 05 - 15	润滑油保障	L2
				48 - 05 - 16	动力电保障	L2
				48 - 05 - 17	压缩空气保障	L2
				48 - 05 - 18	冷却系统保障	L2
				48 - 05 - 19	设置警示标牌	L2
				48 - 05 - 20	空运行	L2
49	调试交付	49 - 01	机电一体化综合调试	49 - 01 - 01	操作设备	L2
				49 - 01 - 02	认识机械设备性能	L2
				49 - 01 - 03	调试机电一体化性能	L2
				49 - 01 - 04	机电一体化传动轴反向间隙调整	L2
				49 - 01 - 05	机电一体化 PLC 功能调试	L2

续上表

工作项目/职业素养		工作任务/职业素养分类		职业能力（知识、技能、方法、工具、要求）		学习水平 现代学徒制
49	调试交付	49－02	试运行	49－02－01	操作机床	L2
				49－02－02	空运行 72 小时	L2
				49－02－03	保证电供应	L2
				49－02－04	保证油供应	L2
				49－02－05	监控时实温升	L2
				49－02－06	监控时实噪音	L2
		49－03	检测	49－03－01	阅读出厂合格证	L2
				49－03－02	熟知各项校对技能	L2
				49－03－03	按出厂合格证逐项检测记录	L2
				49－03－04	返回不合格项目回上道工序	L2
				49－03－05	设备功能测试	L2
				49－03－06	懂得机电一体化综合知识	L2
		49－04	试加工	49－04－01	准备图纸	L2
				49－04－02	准备材料	L2
				49－04－03	准备夹具	L2
				49－04－04	准备刀具	L2
				49－04－05	编制程序	L2
				49－04－06	试切削	L2
		49－05	出具技术资料报告	49－05－01	整理功能部件合格证	L2
				49－05－02	整理功能部件说明书	L2
				49－05－03	出具机床操作说明书	L2
				49－05－04	出具机床维修说明书	L2
				49－05－05	出具机床安装说明书	L2
				49－05－06	出具机床使用说明书	L2
				49－05－07	出具控制系统操作说明书	L2
				49－05－08	出具控制系统维修说明书	L2
				49－05－09	出具控制系统安装说明书	L2
				49－05－10	出具控制系统使用说明书	L2
				49－05－11	出具编程说明书	L2

续上表

工作项目/职业素养		工作任务/职业素养分类		职业能力（知识、技能、方法、工具、要求）		学习水平 现代学徒制
49	调试交付	49－06	验收	49－06－01	根据装箱单点数	L2
				49－06－02	根据合格证核对各项指标	L2
				49－06－03	根据合格证核对各项几何精度	L2
				49－06－04	安装调试	L2
				49－06－05	客户端试加工验收	L2
50	故障维修	50－01	查看故障表现	50－01－01	熟知机床电气性能	L2
				50－01－02	熟知功能部件性能	L2
				50－01－03	熟知传动性能	L2
				50－01－04	查看报警记录	L2
				50－01－05	查看故障	L2
				50－01－06	查看 PLC 监控	L2
		50－02	故障分析	50－02－01	结合故障的表现判断具体原因	L2
				50－02－02	简单检测故障	L2
				50－02－03	测试故障	L2
				50－02－04	确认故障	L2
				50－02－05	熟知功能部件原理	L2
				50－02－06	分析功能部件正常运行表现	L2
		50－03	确定维修方案	50－03－01	确定故障	L2
				50－03－02	提出解决方案	L2
				50－03－03	考虑维修成本	L2
		50－04	实施维修	50－04－01	维修部件	L2
				50－04－02	更换部件	L2
				50－04－03	实现正常功能	L2
				50－04－04	检测精度	L2
		50－05	试运行	50－05－01	操作机床	L2
				50－05－02	空运行	L2
				50－05－03	保证电供应	L2
				50－05－04	保证油供应	L2
				50－05－05	时实监控温升	L2
				50－05－06	时实监控噪音	L2

续上表

工作项目/职业素养		工作任务/职业素养分类		职业能力（知识、技能、方法、工具、要求）		学习水平 现代学徒制
51	设备保养	51-01	日常保养	51-01-01	班前空运行	L2
				51-01-02	检查润滑油箱	L2
				51-01-03	检查卫生	L2
				51-01-04	检查水、电、气、油	L2
		51-02	一级保养	51-02-01	清洗导轨	L2
				51-02-02	清洗夹具	L2
				51-02-03	保持设备整体卫生	L2
				51-02-04	更换油品	L2
				51-02-05	更换切削液	L2
		51-03	二级保养	51-03-01	保证主轴精度	L2
				51-03-02	检测几何精度	L2
				51-03-03	检查更换超差零部件	L2
		51-04	改善设备环境	51-04-01	保持恒温	L2
				51-04-02	保持恒湿	L2
				51-04-03	防潮	L2
				51-04-04	防雷	L2
				51-04-05	牢固地基	L2
				51-04-06	预防电磁干扰	L2
52	故障管理	52-01	描述故障状况	52-01-01	文字记录历史报警信息	L2
				52-01-02	记录故障表现现象	L2
		52-02	故障分析管理	52-02-01	记录故障分析	L2
		52-03	解决方案管理	52-03-01	记录解决方案	L2
		52-04	记录维修过程	52-04-01	详细记录每个工步的维修过程	L2
		52-05	备案	52-05-01	存档	L2

续上表

工作项目/职业素养		工作任务/职业素养分类		职业能力（知识、技能、方法、工具、要求）		学习水平 现代学徒制
53	执行班组安全规范	53－01	执行安全规范	53－01－01	严格履行岗位职责	L3－L4
				53－01－02	执行三方停电挂牌制度	L3－L4
				53－01－03	严格执行三方安全制度	L3－L4
				53－01－04	班前班组执行交底作业	L3－L4
				53－01－05	执行每周安全检修制度	L3－L4
				53－01－06	执行每周安全隐患排查任务	L3－L4
				53－01－07	开展岗位三级安全教育	L3－L4
				53－01－08	执行行业标准	L3－L4
		53－02	保证班组人员安全	53－02－01	组织学习	L3－L4
				53－02－02	强调安全生产意识	L3－L4
				53－02－03	培训消防安全	L3－L4
				53－02－04	培训设备安全	L3－L4
				53－02－05	培训新工人岗前安全	L3－L4
				53－02－06	培训操作安全	L3－L4
				53－02－07	培训人员安全	L3－L4
54	管理班组	54－01	人员管理	54－01－01	考勤	L3－L4
				54－01－02	考核班组成员绩效	L3－L4
		54－02	任务管理	1	任务布置	L3－L4
				54－02－01	检测班组任务完成情况	L3－L4
				54－02－02	CPK 测试	L3－L4
				54－02－03	签署合格证明	L3－L4
				54－02－04	签署验收报告	L3－L4
		54－03	指导操作	54－03－01	讲解机床结构	L3－L4
				54－03－02	指导机床操作	L3－L4
				54－03－03	指导常见故障排除	L3－L4
				54－03－04	指导日常保养	L3－L4
				54－03－05	指导程序编制	L3－L4

续上表

工作项目/职业素养		工作任务/职业素养分类		职业能力（知识、技能、方法、工具、要求）		学习水平 现代学徒制
55	制定制度	55－01	制定安全规范	55－01－01	熟知行业安全标准	L5
				55－01－02	制定岗位规则	L5
				55－01－03	制定岗位步骤	L5
				55－01－04	警示标牌设置	L5
				55－01－05	遵从安全标准	L5
				55－01－06	制定三方停电挂牌制度	L5
				55－01－07	制定三方安全制度	L5
				55－01－08	制定每周安全隐患排查制度	L5
		55－02	制定班组管理制度	55－02－01	制定班前班组交底作业制度	L5
				55－02－02	制定岗位三级安全教育制度	L5
		55－03	制定设备点检表	55－03－01	熟知数控机床设备性能	L5
				55－03－02	检查设备是否正常运行	L5
				55－03－03	确定点检项目	L5
				55－03－04	确定班前班中班后点检内容	L5
				55－03－05	建立交接班机制	L5
56	培训与管理	56－01	培训理论	56－01－01	具备培训教学的基本素质	L5
				56－01－02	撰写培训大纲	L5
				56－01－03	撰写培训讲义	L5
				56－01－04	使用计算机教学	L5
		56－02	管理	56－01－01	考核班组绩效	L5
				56－01－02	协调班组间工长	L5
57	改革创新	57－01	技术创新	57－01－01	优化机电一体化噪音	L6
				57－01－02	优化机电一体化机械系统	L6
				57－01－03	优化机电一体化电机性能	L6
		57－02	质量创新	57－02－01	实施操作过程的质量分析与控制	L6
				57－02－02	组织进行质量攻关	L6
				57－02－03	提出产品质量评审方案	L6

续上表

工作项目/职业素养		工作任务/职业素养分类		职业能力（知识、技能、方法、工具、要求）		学习水平 现代学徒制
57	改革创新	57－03	生产创新	57－03－01	组织有关人员协同作业	L6
				57－03－02	选择多人协同作业的组织管理方法	L6
				57－03－03	根据生产计划提出调度及人员管理方案	L6
				57－03－04	具备生产管理基本知识	L6
58	安装电器设备	58－01	识图	58－01－01	使用计算机绘图	L2
				58－01－02	辨识电器元器件符号	L2
				58－01－03	应用电工基础知识	L2
				58－01－04	阅读电器原理图、接线图、元件布置图	L2
		58－02	确认安装标准	58－02－01	能应用技术标准	L2
				58－02－02	正确选用工量器具	L2
				58－02－03	正确进行电机装配	L2
				58－02－04	应用初级钳工操作技能	L2
				58－02－05	应用机械常识	L2
		58－03	验收设备	58－03－01	能应用技术标准	L2
				58－03－02	正确选用工量器具	L2
				58－03－03	撰写验收报告	L2
				58－03－04	使用与维护常用电工仪表	L2
		58－04	辨识现场环境	58－04－01	辨别安全风险	L2
				58－04－02	辨识危险源	L2
				58－04－03	制定电气类安全防范措施	L2
				58－04－04	执行电气类安全技术规范	L2
		58－05	安装设备和接线	58－05－01	辨识电器元器件符号	L2
				58－05－02	应用电工基础知识	L2
				58－05－03	阅读电器原理图、接线图、元件布置图	L2
				58－05－04	执行通用电气类安装规范	L2
				58－05－05	正确选用工量器具	L2
				58－05－06	安装通用电气设备	L2
		58－06	确认安装精度	58－06－01	辨识电器元器件符号	L2
				58－06－02	应用电工基础知识	L2
				58－06－03	阅读电器原理图、接线图、元件布置图	L2
				58－06－04	执行通用电气类安装规范	L2
				58－06－05	正确选用工量器具	L2
				58－06－06	能应用技术标准	L2

续上表

工作项目/职业素养		工作任务/职业素养分类		职业能力（知识、技能、方法、工具、要求）		学习水平 现代学徒制
59	设备调试	59－01	校线与检测	59－01－01	辨识电器元器件符号	L2
				59－01－02	应用电工基础知识	L2
				59－01－03	阅读电器原理图、接线图、元件布置图	L2
				59－01－04	执行通用电气类安装规范	L2
				59－01－05	正确选用工量器具	L2
				59－01－06	能应用通用电气设备类技术标准	L2
		59－02	确认调试标准	59－02－01	阅读电器原理图、接线图、元件布置图	L2
				59－02－02	执行通用电气类安装规范	L2
				59－02－03	正确选用工量器具	L2
				59－02－04	能应用通用电气设备类技术标准	L2
		59－03	落实安全措施	59－03－01	辨别安全风险	L2
				59－03－02	辨识危险源	L2
				59－03－03	制定安全防范措施	L2
				59－03－04	制定电气类安全防范措施	L2
				59－03－05	执行电气类安全技术规范	L2
				59－03－06	执行安全用电与规范	L2
		59－04	设备上电	59－04－01	协调沟通	L2
				59－04－02	正确使用与维护电工工器具	L2
				59－04－03	正确使用与维护电工仪器仪表	L2
				59－04－04	识别、分类、检测电工器件	L2
				59－04－05	执行安全用电与规范	L2
		59－05	调试设备性能	59－05－01	协调沟通	L2
				59－05－02	正确使用与维护电工工器具	L2
				59－05－03	正确使用与维护电工仪器仪表	L2
				59－05－04	识别、分类、检测电工器件	L2
				59－05－05	执行安全用电与规范	L2
				59－05－06	撰写设备性能报告	L2

续上表

工作项目/职业素养		工作任务/职业素养分类		职业能力（知识、技能、方法、工具、要求）		学习水平 现代学徒制
60	查找设备故障	60－01	调查故障现象	60－01－01	辨识电器元器件符号	L2
				60－01－02	应用电工基础知识	L2
				60－01－03	阅读电器原理图、接线图、元件布置图	L2
				60－01－04	执行安全用电规范	L2
		60－02	分析故障原因	60－02－01	辨识电器元器件符号	L2
				60－02－02	应用电工基础知识	L2
				60－02－03	阅读电器原理图、接线图、元件布置图	L2
				60－02－04	执行安全用电规范	L2
				60－02－05	进行故障诊断与分析	L2
		60－03	排除故障	60－03－01	辨识电器元器件符号	L2
				60－03－02	应用电工基础知识	L2
				60－03－03	阅读电器原理图、接线图、元件布置图	L2
				60－03－04	执行安全用电规范	L2
				60－03－05	进行故障诊断与分析	L2
		60－04	通电试机	60－04－01	检测设备性能	L2
				60－04－02	应用电工基础知识	L2
				60－04－03	阅读电器原理图、接线图、元件布置图	L2
				60－04－04	执行安全用电规范	L2
				60－04－05	使用电工仪器仪表	L2
				60－04－06	协调上下工序	L2
		60－05	撰写故障分析报告	60－05－01	使用常用办公软件	L2
				60－05－02	使用统计工具	L2
				60－05－03	进行故障诊断与分析	L2
61	改进设备性能	61－01	分析问题症结	61－01－01	辨识电器元器件符号	L2
				61－01－02	应用电工基础知识	L2
				61－01－03	阅读电器原理图、接线图、元件布置图	L2
				61－01－04	进行故障诊断与分析	L2
		61－02	制定改进措施	61－02－01	辨识电器元器件符号	L2
				61－02－02	应用电工基础知识	L2
				61－02－03	阅读电器原理图、接线图、元件布置图	L2
				61－02－04	应用故障诊断与分析	L2
				61－02－05	计算机绘图	L2
				61－02－06	制定技术措施	L2

续上表

工作项目/职业素养		工作任务/职业素养分类		职业能力（知识、技能、方法、工具、要求）		学习水平 现代学徒制
61	改进设备性能	61-03	实施准备	61-03-01	辨识电器元器件符号	L2
				61-03-02	应用电工基础知识	L2
				61-03-03	阅读电器原理图、接线图、元件布置图	L2
				61-03-04	应用故障诊断与分析	L2
				61-03-05	执行安全用电规范	L2
				61-03-06	落实技术措施	L2
		61-04	工作实施	61-04-01	辨识电器元器件符号	L2
				61-04-02	应用电工基础知识	L2
				61-04-03	阅读电器原理图、接线图、元件布置图	L2
				61-04-04	应用故障诊断与分析	L2
				61-04-05	执行安全用电规范	L2
				61-04-06	落实技术措施	L2
				61-04-07	使用电工仪器仪表	L2
		61-05	性能测试	61-05-01	辨识电器元器件符号	L2
				61-05-02	应用电工基础知识	L2
				61-05-03	阅读电器原理图、接线图、元件布置图	L2
				61-05-04	应用故障诊断与分析	L2
				61-05-05	执行安全用电规范	L2
				61-05-06	能应用技术标准	L2
				61-05-07	使用电工仪器仪表	L2
				61-05-08	检测及校验元器件	L2
62	维修电器设备	62-01	明确工作内容	62-01-01	维修自动化仪表	L2
				62-01-02	维修通用电气设备	L2
				62-01-03	维修电力电子器件	L2
				62-01-04	维修直流传动	L2
				62-01-05	维修变频器传动	L2
				62-01-06	维修伺服传动	L2
				62-01-07	维护 PLC、液压传动、稀油润滑的技术	L2
				62-01-08	维修网络	L2

续上表

工作项目/职业素养		工作任务/职业素养分类		职业能力（知识、技能、方法、工具、要求）		学习水平 现代学徒制
62	维修电器设备	62－02	落实安全措施	62－02－01	辨别安全风险	L2
				62－02－02	辨识危险源	L2
				62－02－03	制定安全防范措施	L2
				62－02－04	制定电气类安全防范措施	L2
				62－02－05	执行电气类安全技术规范	L2
				62－02－06	执行安全用电与规范	L2
		62－03	工作实施	62－03－01	维修自动化仪表	L2
				62－03－02	维修通用电气设备	L2
				62－03－03	维修电力电子器件	L2
				62－03－04	维修直流传动	L2
				62－03－05	维修变频器传动	L2
				62－03－06	维修伺服传动	L2
				62－03－07	维护 PLC、液压、稀油润滑技术	L2
				62－03－08	应用电工基础知识	L2
				62－03－09	阅读电器原理图、接线图、元件布置图	L2
				62－03－10	执行安全用电规范	L2
				62－03－11	使用电工仪器仪表	L2
				62－03－12	能应用技术标准	L2
				62－03－13	检测及校验元器件	L2
63	点检维护电气设备	63－01	设备点检	63－01－01	制定点检标准	L2
				63－01－02	制定维修标准	L2
				63－01－03	制定给油脂标准	L2
				63－01－04	制定技术标准	L2
				63－01－05	制定安全技术规范	L2
				63－01－06	执行安全用电规范	L2
				63－01－07	使用常用办公软件	L2
				63－01－08	使用统计工具	L2
				63－01－09	应用档案管理	L2

续上表

工作项目/职业素养		工作任务/职业素养分类		职业能力（知识、技能、方法、工具、要求）		学习水平 现代学徒制
63	点检维护电气设备	63-02	测试与验收	63-02-01	辨识电器元器件符号	L2
				63-02-02	应用电工基础知识	L2
				63-02-03	阅读电器原理图、接线图、元件布置图	L2
				63-02-04	进行故障诊断与分析	L2
				63-02-05	执行安全用电规范	L2
				63-02-06	能应用技术标准	L2
				63-02-07	使用电工仪器仪表	L2
				63-02-08	检测及校验元器件	L2
64	班组管理B	64-01	接受任务	64-01-01	使用统计工具	L3-L4
				64-01-02	使用常用办公软件	L3-L4
				64-01-03	应用台账管理	L3-L4
				64-01-04	组织沟通与协调	L3-L4
				64-01-05	进行安全知识培训	L3-L4
				64 01-06	进行团队建设	L3-L4
		64-02	分配资源	64-02-01	使用统计工具	L3-L4
				64-02-02	使用常用办公软件	L3-L4
				64-02-03	应用台账管理	L3-L4
				64-02-04	组织沟通与协调	L3-L4
				64-02-05	进行安全知识培训	L3-L4
				64-02-06	辨别员工具备技能情况	L3-L4
		64-03	分解任务	64-03-01	使用统计工具	L3-L4
				64-03-02	使用常用办公软件	L3-L4
				64-03-03	应用台账管理	L3-L4
				64-03-04	组织沟通与协调	L3-L4
				64-03-05	落实安全注意事项	L3-L4
		64-04	反馈任务完成情况	64-04-01	使用统计工具	L3-L4
				64-04-02	使用常用办公软件	L3-L4
				64-04-03	应用台账管理	L3-L4
				64-04-04	组织沟通与协调	L3-L4
				64-04-05	总结安全存在的问题	L3-L4

续上表

工作项目/职业素养		工作任务/职业素养分类		职业能力（知识、技能、方法、工具、要求）		学习水平 现代学徒制
65	自动控制电路装调维修 B	65－01	传感器装调	65－01－01	能识别、安装、调整光电开关及各类传感器（含液位、位移、压力、温度等）	L3－L4
				65－01－02	能识别、安装、调整接近开关	L3－L4
				65－01－03	能识别、安装、调整磁性开关	L3－L4
				65－01－04	能识别、安装、调整增量型光电编码器	L3－L4
		65－02	可编程控制器控制电路装调、测绘及分析	65－02－01	能进行可编程控制器安装接线	L3－L4
				65－02－02	能对可编程控制器输入输出外围线路进行接线	L3－L4
				65－02－03	能掌握编程软件或便携式编程器中的任一种方法从可编程控制器中读取程序	L3－L4
				65－02－04	能掌握编程软件或便携式编程器中的任一种方法为可编程控制器下载程序	L3－L4
				65－02－05	能用基本指令编写和修改三相交流异步电动机正反转、降压启动控制电路等程序	L3－L4
				65－02－06	能分析工业自动控制系统电气原理图	L3－L4
				65－02－07	能按自动控制的要求对常用电气自动控制系统进行测绘并提出技改方案	L3－L4
		65－03	可编程控制系统读图分析与程序编制	65－03－01	能使用基本指令编写程序	L3－L4
				65－03－02	能用可编程序控制器控制程序改造原来由继电器组成的控制电路	L3－L4
				65－03－03	掌握模拟量输入输出模块结构和基本单元的连接方法及相关参数的设置	L3－L4
				65－03－04	能使用功能指令进行程序分析和编程	L3－L4
				65－03－05	能对模拟量输入输出模块等特殊功能模块进行程序分析和编程	L3－L4
				65－03－06	能选用和连接触摸屏	L3－L4
				65－03－07	能对触摸屏组态画面进行编辑和修改	L3－L4

续上表

工作项目/职业素养		工作任务/职业素养分类		职业能力（知识、技能、方法、工具、要求）		学习水平 现代学徒制
65	自动控制电路装调维修 B	65－04	可编程控制系统调试与故障排除	65－04－01	能使用输入输出器件模拟生产现场原来由继电器组成的控制电路	L3－L4
				65－04－02	能使用编程软件或仿真软件来模拟现场信号进行以基本指令为主的程序调试	L3－L4
				65－04－03	能进行以基本指令为主程序的现场调试	L3－L4
				65－04－04	能按可编程控制器面板指示灯及借助编程软件判断可编程控制器的故障	L3－L4
				65－04－05	能判别可编程控制器输入输出模块故障	L3－L4
				65－04－06	能排除可编程控制器外围的各种开关、传感器、执行机构、负载等外围设备故障	L3－L4
				65－04－07	能判断可编程控制器各功能模块故障，并通过更换模块排除故障	L3－L4
				65－04－08	能完成触摸屏和可编程控制器之间通讯参数的设置	L3－L4
				65－04－09	能使用可编程控制器的特殊模块和相应功能指令编制、修改控制程序	L3－L4
				65－04－10	能用可编程控制器、触摸屏、传感器、变频器、伺服系统及其他执行部件组成多功能控制系统，并进行调试及维修	L3－L4
				65－04－11	能实现可编程控制器之间、可编程控制器和其他智能设备之间通信（不含以太网和现场总线）	L3－L4
		65－05	变频器、软启动器的认识和维护	65－05－01	能识别交流变频器、软启动器的操作面板、电源输入端、电源输出端及控制端	L3－L4
				65－05－02	能按照交流变频器使用手册对照出错代码，确认故障类型	L3－L4

续上表

工作项目/职业素养		工作任务/职业素养分类		职业能力（知识、技能、方法、工具、要求）		学习水平 现代学徒制
66	工段管理G	66－01	绩效考核	66－01－01	使用常用办公软件	L5
				66－01－02	使用统计工具	L5
				66－01－03	应用档案管理	L5
				66－01－04	制定绩效标准	L5
				66－01－05	考核与评价员工绩效	L5
		66－02	安全管控	66－02－01	辨别安全风险	L5
				66－02－02	辨识危险源	L5
				66－02－03	制定安全防范措施	L5
				66－02－04	进行安全知识培训	L5
		66－03	成本核算	66－03－01	使用统计工具	L5
				66－03－02	使用常用办公软件	L5
				66－03－03	应用档案管理	L5
				66－03－04	分析异常	L5
				66－03－05	提出改进措施	L5
		66－04	质量体系建设	66－04－01	辨识岗位质量标准	L5
				66－04－02	监控工作过程	L5
67	工业控制网络调试维修G	67－01	工业控制网络系统分析	67－01－01	能分析工厂自动化系统典型现场总线的组成	L5
				67－01－02	能分析工厂自动化系统工业以太网络的结构	L5
		67－02	工业控制网络调试维修	67－02－01	能根据要求选用通信器件	L5
				67－02－02	能采用合适的数据传输介质对网络进行布线和连接	L5
				67－02－03	能对工业控制网络上的各节点进行组态及参数配置	L5
				67－02－04	能实现网络中各控制节点之间的数据交换	L5

续上表

工作项目/职业素养		工作任务/职业素养分类		职业能力（知识、技能、方法、工具、要求）		学习水平 现代学徒制
68	系统分析与诊断S	68－01	技术传承与培训	68－01－01	使用统计工具	L6
				68－01－02	使用常用办公软件	L6
				68－01－03	应用档案管理	L6
				68－01－04	熟知工艺流程	L6
				68－01－05	使用培训工具	L6
				68－01－06	诊断系统综合故障	L6
				68－01－07	具备通用电气设备安装维修调试综合能力	L6
		68－02	系统能力提升	68－02－01	使用统计工具	L6
				68－02－02	使用常用办公软件	L6
				68－02－03	应用档案管理	L6
				68－02－04	熟知工艺流程	L6
				68－02－05	使用培训工具	L6
				68－02－06	诊断系统综合故障	L6
		68－03	技术指导	68－03－01	使用统计工具	L6
				68－03－02	使用常用办公软件	L6
				68－03－03	应用档案管理	L6
				68－03－04	理会工艺流程	L6
				68－03－05	使用培训工具	L6
				68－03－06	诊断综合故障	L6
69	职业素养	69－01	沟通交流	69－01－01	具有主动沟通意识	
				69－01－02	表达清晰，准确陈述工作内容	
				69－01－03	使用沟通技巧（艺术）	
				69－01－04	建立和谐友善的人际交往关系	
				69－01－05	准确理解、传达、布置工作任务	
				69－01－06	能有效运用专业术语开展业务交流	
				69－01－07	具备初步的人的心理活动判断能力	
				69－01－08	具备基本的文字处理能力	
				69－01－09	运用多种沟通方法，达到有效沟通	

续上表

工作项目/职业素养		工作任务/职业素养分类		职业能力（知识、技能、方法、工具、要求）		学习水平 现代学徒制
69	职业素养	69－02	数字应用	69－02－01	具备基本的数学运算能力	
				69－02－02	掌握基本的数理统计方法	
				69－02－03	掌握通用的计算机数据处理软件	
				69－02－04	掌握专业数据处理软件	
				69－02－05	读懂常用的图表	
				69－02－06	运用图表、数据进行处理	
				69－02－07	熟练编制数据分析图表	
				69－02－08	能进行多步骤多因子的数字运算	
				69－02－09	选取恰当的工具和方法，准确地对数据进行处理	
				69－02－10	运用计算分析结果，全面系统地说明工作任务和现状	
		69－03	革新创新	69－03－01	敬业爱岗	
				69－03－02	具备革新创新意识和思维	
				69－03－03	掌握基本的革新创新方法	
				69－03－04	关注行业发展新动态	
				69－03－05	能结合岗位实际深入钻研	
				69－03－06	运用基本方法，进行革新创新	
				69－03－07	观察、质疑和捕捉行业发展动态	
				69－03－08	整理和编制专业文档	
				69－03－09	提炼革新创新成果	
				69－03－10	指导他人开展革新创新	
		69－04	自主学习	69－04－01	具有自主学习的意识	
				69－04－02	主动学习新技术、新工艺、新设备、新知识、新标准	
				69－04－03	主动参加各类培训	
				69－04－04	主动开展学习交流	
				69－04－05	具有自主学习的持续性	
				69－04－06	利用先进的教育技术手段，开展自主学习	
				69－04－07	主动跨专业学习	
				69－04－08	积极指导和培训他人	

续上表

工作项目/职业素养		工作任务/职业素养分类		职业能力（知识、技能、方法、工具、要求）		学习水平 现代学徒制
69	职业素养	69－05	团队合作	69－05－01	具有大局意识，集体观念	
				69－05－02	具备工作适应能力	
				69－05－03	团队成员相互信任、责任明晰、分工协作	
				69－05－04	了解团队成员的需求	
				69－05－05	沟通顺畅，协作良好	
				69－05－06	勇于承担团队任务	
				69－05－07	服从工序安排	
				69－05－08	接受他人指导和帮助	
				69－05－09	帮助队友共同完成目标	
				69－05－10	具有奉献精神，分享团队成果	
		69－06	解决问题	69－06－01	熟知本岗位的专业知识	
				69－06－02	具有持续学习的意愿	
				69－06－03	具有主动处理和解决问题的意识	
				69－06－04	掌握解决问题的技巧及方法	
				69－06－05	具备对问题的预判能力	
				69－06－06	发现问题和反映问题	
				69－06－07	采取预防性手段，消除问题	
				69－06－08	具有解决突发事件的能力	
				69－06－09	处理复杂或重大事件的能力	
				69－06－10	采取管理和技术手段，避免问题重复发生	
		69－07	信息处理	69－07－01	养成收集信息的主动性	
				69－07－02	掌握信息收集、检索方法	
				69－07－03	运用信息和检索的工具	
				69－07－04	具有信息收集能力	
				69－07－05	具有信息甄别能力	
				69－07－06	提炼加工整理信息	
				69－07－07	具有信息的综合处理能力	
				69－07－08	准确描述和发布信息	
				69－07－09	运用信息成果	

续上表

工作项目/职业素养		工作任务/职业素养分类		职业能力（知识、技能、方法、工具、要求）		学习水平 现代学徒制
69	职业素养	69－08	（安全）责任意识	69－08－01	熟知检修的安全制度与流程	
				69－08－02	具备安全责任意识	
				69－08－03	服从工作安排，主动承担任务	
				69－08－04	辨识岗位危险源	
				69－08－05	遵守岗位安全操作规程	
				69－08－06	阻止他人违章操作	
				69－08－07	运用先进的工具和方法，开展安全预防工作	
				69－08－08	开展经常性的安全教育和培训	
				69－08－09	使用安全防护器材	
				69－08－10	分析、处置安全事故的能力	
				69－08－11	改善安全生产环境与行为的能力	
				69－08－12	拒绝不安全工作	
				69－08－13	提醒他人的不安全行为	
		69－09	外语应用	69－09－01	熟知专业术语	
				69－09－02	掌握工作实物英语词汇和标识	
				69－09－03	查阅专业英语的标准和规则	
				69－09－04	熟练掌握编程软件英语术语	
				69－09－05	查阅和互译专业资料内容	
		69－10	其他	69－10－01	遵纪守法	
				69－10－02	爱岗敬业	
				69－10－03	遵守职业道德	
				69－10－04	自我管理能力	
				69－10－05	认真做事、扎实工作	
				69－10－06	具有良好的身体和心理素质，能够承受工作压力的能力	
				69－10－07	具有吃苦耐劳不怕脏的精神	
				69－10－08	具有积极向上的团队精神	
				69－10－09	具有精益求精的工匠精神	

注：“学习水平”的高职现代学徒制 L*i* 的 *i* 对应职业生涯发展路径中的发展层次，若是第Ⅱ等级层，则用 L2 表示，若是第Ⅲ等级层，则用 L3 表示，如此类推。

2. 广东省教育厅相关文件

广东省教育厅

粤教职函〔2018〕120号

广东省教育厅关于公布2017年省高等职业教育专业教学标准和课程标准研制项目结题验收结果的通知

各地级以上市教育局，各高等职业院校：

根据《广东省教育厅办公室关于开展2017年高等职业教育专业教学标准和课程标准研制项目结题验收工作的通知》（粤教职办函〔2017〕34号），经资料评审、会议评审、公示等环节，确定《现代学徒制高职市政工程技术专业教学标准的研制项目》等28个项目（详见附件）通过结题验收，现将验收结果予以公布。

附件：2017年高等职业教育专业教学标准和课程标准研制项目结题验收结果

广东省教育厅

2018年7月27日

附件

2017 年高等职业教育专业教学标准和课程标准研制项目结题验收结果

序号	项目名称	项目牵头单位	项目负责人	验收结果
1	现代学徒制高职市政工程技术专业教学标准的研制项目	广州番禺职业技术学院	叶雯	优秀
2	医学美容技术专业现代学徒制教学标准研制	清远职业技术学院	吴琼	优秀
3	高职本科一体化计算机应用技术专业（嵌入式技术应用）教学标准研制与实践	广东科学技术职业学院	李力	良好
4	应用电子技术专业现代学徒制教学标准研制与实践	广东科学技术职业学院	王红梅	良好
5	高职黑色冶金技术专业现代学徒制教学标准研制	广东松山职业技术学院	罗国民	良好
6	机电设备维修与管理专业现代学徒制教学标准研制	广东松山职业技术学院	杨宇	良好
7	现代学徒制皮具艺术设计专业教学标准研制与实践项目	广州番禺职业技术学院	张来源	良好
8	现代学徒制高职市场营销专业教学标准的研制项目	广州番禺职业技术学院	阚雅玲	良好
9	电子信息工程技术专业教学标准研制项目	中山职业技术学院	闫胜利	良好
10	制冷与空调技术专业教学标准项目	顺德职业技术学院	余华明	良好
11	应用化工（涂料技术）技术专业教学标准项目	顺德职业技术学院	周强	良好
12	机电一体化技术专业现代学徒制教学标准研制	清远职业技术学院	郭汉桥	良好
13	精细化工技术/化学工程与工艺高本衔接专业教学标准研制	广东轻工职业技术学院	揭雪飞	合格

序号	项目名称	项目牵头单位	项目负责人	验收结果
14	环境工程专业高本一体化教学标准的研究与实践	广东轻工职业技术学院	秦文淑	合格
15	基于国际标准的航海类专业“中高职衔接”教学标准研究与实践	广东交通职业技术学院	关腾飞	合格
16	基于现代学徒制人才培养模式的投资与理财专业教学标准研制与实践	广东理工职业学院	杨翠友	合格
17	汽车检测与维修专业现代学徒制专业教学标准项目	广东机电职业技术学院	李百华	合格
18	基于现代学徒制人才培养模式的高职汽车车身维修技术专业教学标准的研制	广东科学技术职业学院	孙宝文	合格
19	高职本科一体化药品生物技术专业教学标准研制	广东科贸职业学院	何敏	合格
20	运动训练高职本科一体化人才培养专业教学标准研制	广东体育职业技术学院	徐承建	合格
21	高职—本科一体化动漫制作技术专业教学标准项目	广东女子职业技术学院	谢盛嘉	合格
22	基于现代学徒制的计算机应用技术专业教学标准研制	广州铁路职业技术学院	林锦章	合格
23	借鉴国外先进经验，构建国际商务类专业教学标准	深圳职业技术学院	刘红燕	合格
24	基于现代学徒制人才培养模式酒店管理专业教学标准研制	佛山职业技术学院	余琳	合格
25	护理专业现代学徒制教学标准研制	清远职业技术学院	冼昶华	合格
26	电气工程及其自动化专业高职本科一体化人才培养专业教学标准研制	广东技术师范学院	周卫	合格
27	道路桥梁工程技术专业中职、高职和本科一体化专业教学标准研制	广东交通职业技术学院	徐凯燕	合格
28	社会工作专业教学标准研制	深圳职业技术学院	倪赤丹	合格

公开方式：依申请公开

3. **项目结题证书**

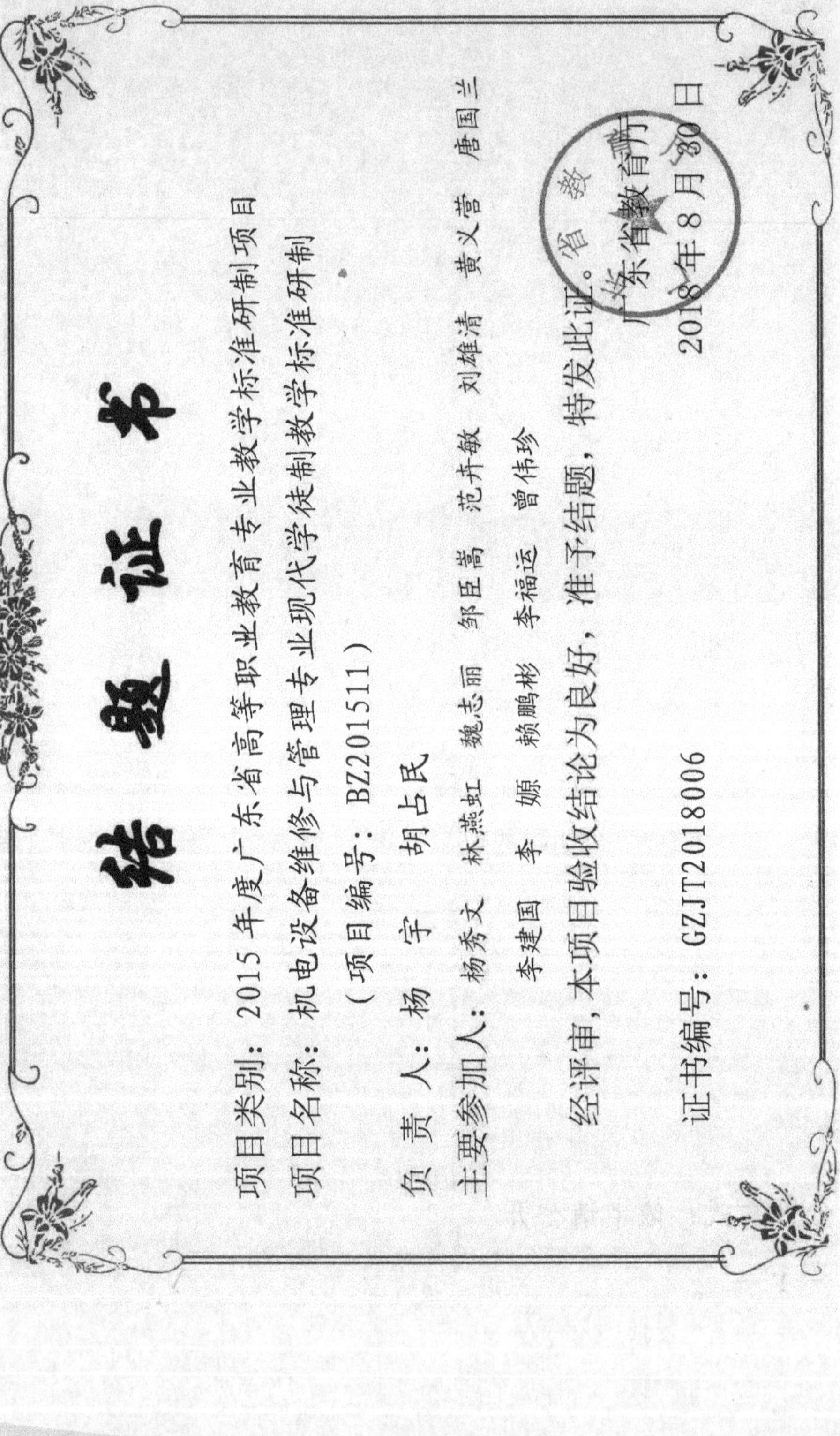

结题证书

项目类别：2015 年度广东省高等职业教育专业教学标准研制项目

项目名称：机电设备维修与管理专业现代学徒制教学标准研制

（项目编号：BZ201511）

负 责 人：杨 宇 胡占民

主要参加人：杨秀文 林燕虹 魏志丽 邹臣嵩 范卉敏 刘雄清 黄义营 唐国兰

李建国 李 娜 赖鹏彬 李福运 曾伟珍

经评审，本项目验收结论为良好，准予结题，特发此证。

广东省教育厅

2018 年 8 月 30 日

证书编号：GZJT2018006